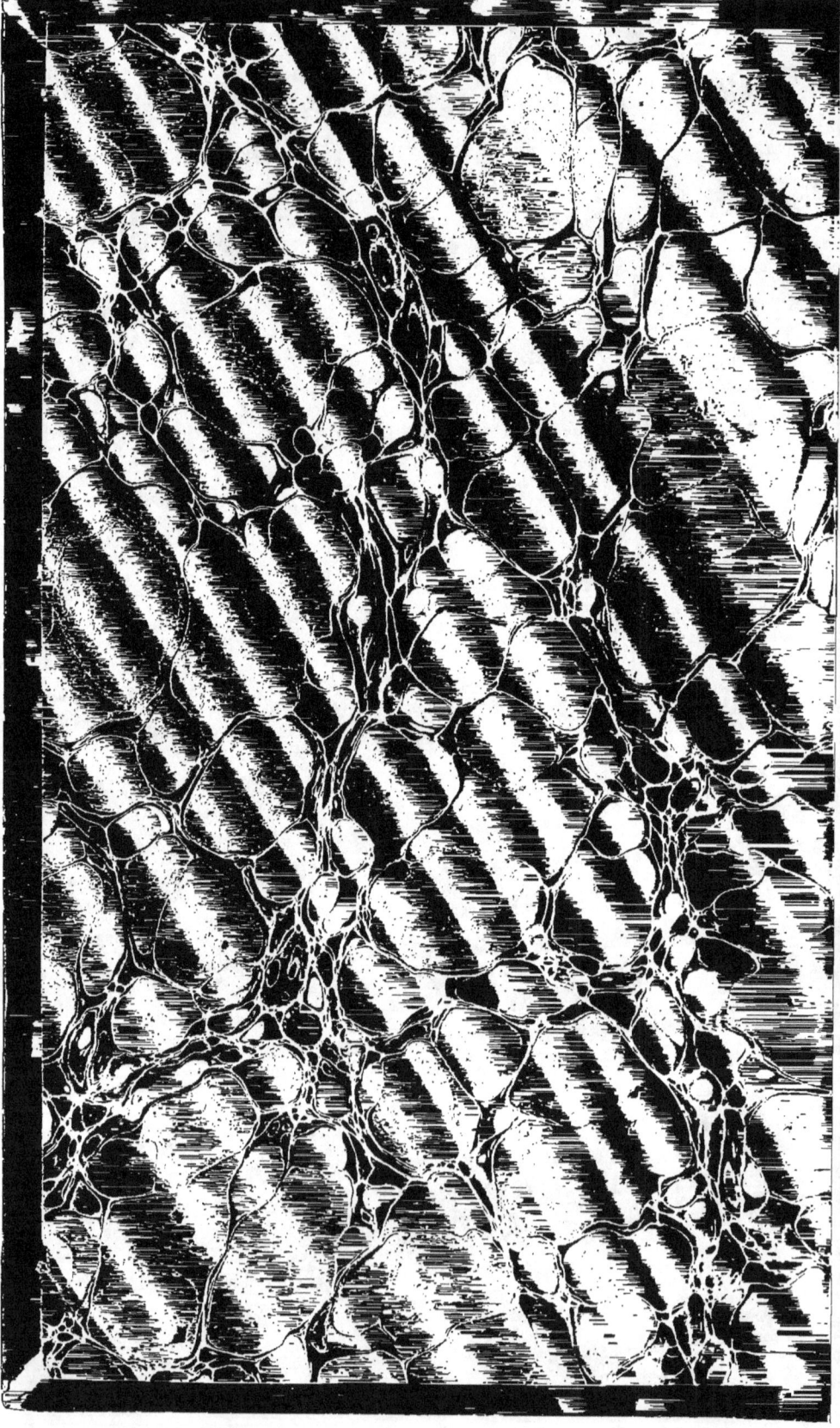

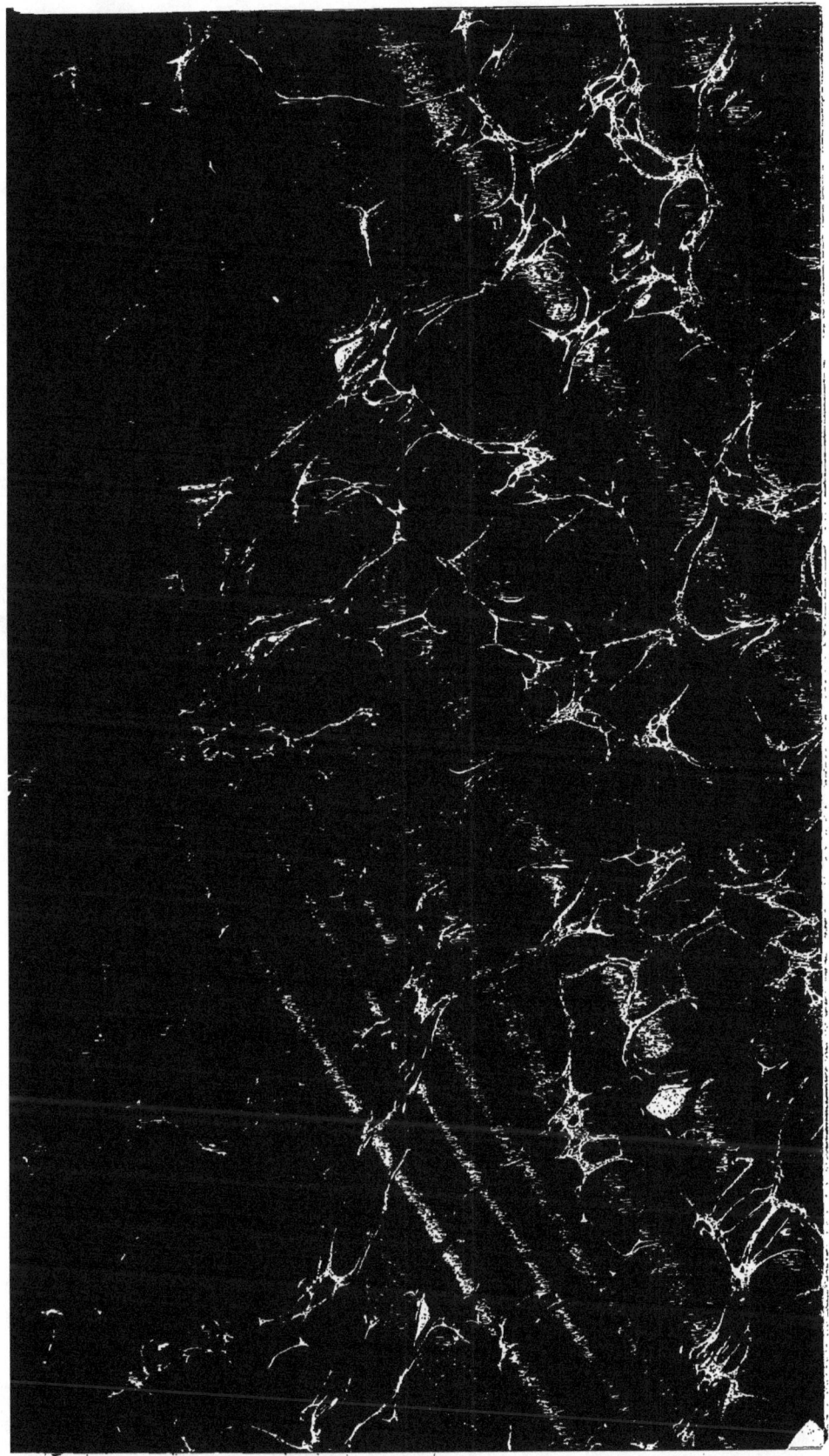

LK 3153[7]

ESSAI HISTORIQUE,

TOPOGRAPHIQUE ET MEDICAL

SUR

LA VILLE D'HIÈRES,

EN PROVENCE,

AVEC UN PRÉCIS DES TROUBLES QUI ONT EU LIEU DANS CETTE VILLE EN L'ANNÉE 1815.

Par Honoré-Zénon GENSOLLEN (de la Guadeloupe) Docteur en médecine de la faculté de Montpellier, de plusieurs sociétés savantes et littéraires.

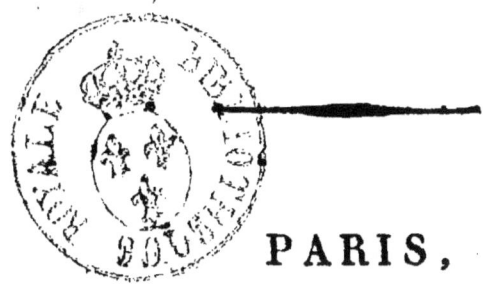

PARIS,

Chez MEQUIGNON MARVIS, Libraire,
RUE DE L'ÉCOLE DE MÉDECINE, N.º 3.

Et se trouve :

A Marseille, chez CAMOIN frères,
Et à Toulon, chez BELLUE.

1820.

A MONSIEUR

LE COMTE PORTALIS,

PAIR DE FRANCE, CONSEILLER-D'ÉTAT, SOUS-SE-
CRÉTAIRE-D'ÉTAT AU DÉPARTEMENT DE LA JUSTICE,
CHARGÉ DU PORTE-FEUILLE, OFFICIER DE L'ORDRE
ROYAL DE LA LÉGION D'HONNEUR, etc. etc.

A Celui dont la fidélité, les vertus et les talens justifient la confiance de notre Auguste Monarque, et honorent la Provence qui l'a vu naître; l'admiration et le respect dédient ce faible ouvrage.

AVANT-PROPOS.

On sera moins étonné, sans doute, de voir cet essai aussi imparfait, quand on connaîtra le peu de ressources que j'ai trouvé pour mon travail. Les archives d'Hières jetées par les fenêtres de l'hôtel-de-ville, dans le principe de la révolution, conséquemment perdues, ou lacérées en grande partie, n'offrent plus aujourd'hui qu'un amas mutilé d'écritures sans ordre, pâture poudreuse des vers et des rats. Celles de l'abbaye de St Bernard, où se trouvaient les titres de l'ancien couvent d'Almanarre, ont totalement disparu à la même époque, ainsi que celles des autres établissemens religieux.

Je sais que l'illustre Peyresc avait rassemblé plusieurs documens anciens sur la ville d'Hières, dans le 1.er volume du regître 73.e de ses manuscrits; mais ce volume que j'ai cherché inutilement à me procurer, ne se trouve pas à la bibliothèque de Carpentras. Il n'est pas non plus à la bibliothèque mazarine à Paris, qui ne possède aucun des manuscrits de Peyresc, malgré l'opinion contraire généralement répandue; ni chez feu M. le président de St. Vincent à Aix, qui en avait quelques-uns; en sorte qu'il est probable qu'il a été prêté séparément par les héritiers de M. de Mazaugues, et totalement perdu.

C'est bien ici le cas de déplorer l'insouciance de l'administration provinciale, qui aurait dû réunir et faire imprimer, à ses frais, les nombreux manuscrits de cet homme célèbre que l'on voit avec douleur, oubliés, disséminés ou égarés en partie, et qui deviendront infailliblement la proie du temps par la négligence de son pays qu'il a honoré, et par l'ingratitude des lettres qu'il protégea si souvent. Puisse la publication de cet essai servir à faire connaître le sort de ce volume, si toutefois il existe quelqu'un qui sache ce qu'il peut être devenu !

Je n'ai pas été plus heureux pour la partie médicale. Jamais personne n'a dressé à Hières, des tables d'observations météorologiques, et l'on sait combien il est nécessaire qu'elles soient faites longtemps et avec exactitude, pour que le médecin topographe puisse juger par elles de la nature d'un climat et de son influence sur ceux qui l'habitent. Il n'existe dans l'hospice civil de cette ville, aucun cahier de visites régulièrement tenu qui puisse donner le moindre renseignement sur l'espèce, la marche et la terminaison des maladies. Il est même impossible de savoir, à ce que m'a avoué l'économe, la quantité de malades entrés et sortis chaque année, et l'on sent combien il eût été précieux d'en avoir les relevés annuels dès avant la révolution.

On voit donc que j'ai été presque réduit à mes seules forces ; et j'avoue que je n'aurais pas osé entreprendre cet ouvrage, si je n'avais été encouragé par l'espoir d'exposer quelque idée utile aux habitans d'Hières, et par l'envie de faire connaître aux étrangers une ville qu'ils viennent souvent chercher de si loin , et dont personne, avant moi, ne s'est occupé exclusivement.

En parlant des troubles qui ont eu lieu à Hières en 1815, à cette époque qui fut heureusement de courte durée, grâces à la sagesse et à la fermeté du meilleur des Rois, je suis assuré d'avance de n'avoir contenté aucun parti ; tous se plaindront de moi; mais en faisant mon devoir d'historien impartial, je crois avoir jugé les événemens en véritable ennemi de tous les excès, quelle que soit la couleur dont ils se parent, et le masque dont ils se couvrent.

ESSAI HISTORIQUE TOPOGRAPHIQUE ET MÉDICAL SUR LA VILLE D'HIÈRES, EN PROVENCE.

PREMIÈRE PARTIE.

ESSAI HISTORIQUE.

Rien de plus assuré que l'existence d'une ville ancienne nommée Olbie, fondée ou plutôt accrue par les Marseillais sur la côte maritime de la Gaule narbonnaise, et rien de plus incertain que l'époque de sa fondation, et sa situation précise. Scylax de Caryande qui vivait dans le 5.e siècle avant l'ère chrétienne, parle d'*Empurias*, colonie marseillaise; mais malheureusement l'endroit où il faisait mention des autres colonies est perdu. Papon présume qu'elles ne consistaient alors qu'en *Tauroentium*, Antibes et Nice, et qu'Olbie et *Athénopolis* ne furent fondées par les Marseillais qu'après l'expédition de Caïus Sextius Calvinus en Provence. En effet, si l'on considère le peu de temps qu'il y a de l'arrivée des Phocéens, à l'époque où Scylax écrivait, on sent qu'il n'est nullement probable que dans un intervalle aussi court, ils aient pu fonder autant de colonies qu'on leur en attribue, ayant été souvent obligés de se défendre contre les Saliens, peuple nombreux et courageux, jaloux de leur prospérité naissante, et qui ne cessait de les harceler. Diodore de Sicile qui écrivait 60 ans avant Notre-Seigneur, est le plus ancien auteur qui fasse mention d'Olbie; et Strabon, peu de temps après lui, dit positivement que c'était une des villes que les Marseillais avaient bâties pour contenir les barbares maîtres du haut pays; or, nous savons que Marseille ne jouit paisiblement des côtes maritimes qu'après que Calvinus, 123 ans avant l'ère chrétienne, eut éloigné les habitans naturels du pays, de douze stades des lieux où il y avait des ports, et eut donné aux Marseillais tous les bords de la mer depuis leur ville jusqu'au Var. (*) Je pense donc que ce ne fut qu'après cette expédition, cent ans environ avant Jésus-Christ, que les Marseillais agrandirent et fortifièrent un lieu qu'habitaient dès la plus haute antiquité les naturels du pays, et dont ils changèrent le nom celtique pour celui d'Olbie, qui en grec, langage des Phocéens, si-

---

(*) Quelques auteurs attribuent cette donation à Q. Opimius consul, il y aurait alors une différence d'une trentaine d'années.

gnifie heureuse et riche, eu égard à la douceur de son climat, et à la beauté de son territoire.

Il semble, en effet, que si cette ville eût existé trois ou quatre cents ans avant cette époque, quelque historien ou géographe antérieur à Diodore en eût fait mention ; et cependant personne n'en a parlé avant lui. Nous savons en outre que les Camatulliciens habitaient, de Toulon à Saint-Tropès, les côtes maritimes qui sont en Provence, et principalement sur ce point, le pays qui offre le plus de ressources à l'agriculture et à l'industrie, où la population devait être abondante, les établissemens nombreux et considérables, où par conséquent ils ont dû employer toutes leurs forces pour chercher à se maintenir; et d'où, en un mot, il a fallu les armes romaines pour les arracher.

Pomponius Mela, géographe espagnol du 1.er siècle de l'église, est le troisième écrivain qui parle d'Olbie, et Ptolémée en fait mention après lui vers le milieu du second siècle.

Voilà donc l'existence de cette ville prouvée par un historien et trois géographes ; mais où etait-elle précisément située ? C'est ce qu'il serait impossible de déterminer, si nous n'avions pour guides que les anciens auteurs. Strabon la place entre *Tauroentium* et *Antipolis*, ce qui ne resserre pas sa position dans les limites d'un petit espace, outre que l'emplacement de *Tauroentium* est encore un sujet de doute pour les savans, malgré que Papon et d'Anville croient le retrouver dans des ruines qui sont dans la mer, à la droite de l'entrée de la baie de la Ciotat. Mela place Olbie entre *Glanum* et *Athénopolis*, ce qui augmente l'incertitude sur sa position, puisqu'on n'est pas encore d'accord sur celle de ces deux villes ; et Ptolémée, en la citant entre le cap Cicier, *Cytharistes Promontorium*, et l'embouchure du fleuve d'Argens, *argenti fluvii ostia*, est loin de préciser son emplacement.

Dans cette incertitude, Papon, d'Anville et plusieurs autres, ont pensé, je crois avec raison, qu'il fallait placer Olbie au port de l'Eoube, qui existe aujourd'hui sur la côte, appuyant leur opinion sur la conformité des noms, et sur sa position en face des îles d'Hières, que les Marseillais cultivaient. Je partage ce sentiment; et pour lui donner plus de poids, j'ajouterai que feu M. Bremond, possesseur de la terre de l'Eoube, auquel j'écrivis pour avoir son avis là-dessus et en obtenir des renseignemens, me répondit qu'il croyait pouvoir assurer avoir vu, dans l'intérieur des terres, des vestiges d'habitations assez multipliées, et rapprochées les unes des autres; qu'il est, en outre, d'opinion constante parmi les marins qu'un mur très-épais a existé dans le fond de la mer, lequel paraissait destiné à fermer un port; et que ce mur, dont les vestiges sont encore bien apparens, s'étendait depuis une petite île appelée la Niovelle, jusqu'au cap des Batteries.

Ces lieux, que j'ai visités moi-même, sans me fournir de nouvelles preuves, m'ont confirmé la vérité de ces observations; ensorte que je crois que l'ancienne Olbie doit être invariablement placée à l'Eoube.

Sans doute que la découverte de quelque monument, d'une inscription portant le nom de cette ville, de plusieurs monnaies marseillaises ou romaines, eût mis le dernier sceau à la certitude, mais on ne sera pas étonné de ne trouver à l'Eoube aucun témoignage de ce genre, si l'on considère qu'Olbie n'a jamais été ni importante ni considérable, malgré que Ptolémée l'ait décorée du nom de *Civitas*; qu'exposée, par sa position sur la côte, aux insultes des pirates, beaucoup plus nombreux qu'à présent, dépérissant journellement par leurs attaques multipliées, qui forçaient les habitans à se réfugier sur les hauteurs, elle fut enfin probablement détruite de fond en comble par les Sarrazins; sans que, depuis douze cents ans, il ait jamais repris envie à ses habitans établis dans un lieu plus sain et mieux en sûreté, de venir s'exposer de nouveau aux désastres essuyés tant de fois. Il n'est donc pas surprenant que la plage de l'Eoube n'offre plus aujourd'hui que le souvenir de son ancien nom.

Quand je dis qu'Olbie n'a jamais été importante ou considérable, je le prouve par Strabon antérieur de plus d'un siècle à Ptolémée; il dit positivement, que quant aux ports situés sur la côte, ceux de *forum julium* (Fréjus) et de Marseille sont considérables, et que les autres sont petits. L'itinéraire d'Antonin qui désigne avec exactitude tous les lieux de la côte, ne fait aucune mention d'Olbie, et l'on ne peut guères attribuer cette omission qu'à son peu d'importance, puisque cet itinéraire a été fait sous le règne d'un empereur, presque contemporain de Ptolémée, et par conséquent dans un temps où cette ville devait être à son plus haut point de splendeur. L'itinéraire de Jérusalem, la table théodosienne, et la notice de l'empire, gardent en divers temps le même silence sur son compte, ce qui certainement n'aurait pas eu lieu, si elle eût mérité quelqu'attention. En un mot, je ne connais que les quatre écrivains que j'ai cités ci-dessus, qui aient daigné nommer cette ville, mais sans nous en donner aucun détail.

A considérer le silence unanimement gardé sur Olbie à différentes époques par tous les historiens ou géographes depuis Ptolémée, par les itinéraires romains, par Etienne de Byzance qui écrivait dans le 5.ᵉ siècle de l'église, et qui cite cependant neuf Olbies sans nommer celle dont nous nous occupons, par l'anonyme de Ravenne, dont la géographie paraît dater du 7.ᵉ siècle, (*) et sur-

---

(*) Cet ouvrage que j'ai consulté à la bibliothèque communale de Marseille, porte en titre : *anonymi ravennatis qui circa seculum VII vixit, de geographia libri V.*

tout par Pline, presque contemporain de Strabon et de Mela, on serait tenté de croire que cette ville a cessé d'exister du moment que Ptolémée en a eu fait mention, ce qui n'est nullement probable, l'histoire de Provence n'offrant, jusqu'aux invasions des Sarrazins, aucune époque assez désastreuse, aucune catastrophe politique assez terrible pour avoir enseveli cette ville sous ses ruines, et avoir forcé ses habitans à quitter les bords de la mer. Il est plus naturel de penser qu'Olbie a existé dans l'obscurité, et sans qu'aucun écrivain ait cru devoir en parler après Ptolémée, jusqu'à la troisième irruption des Sarrazins vers l'an 730 de Jésus-Christ, époque à laquelle on sait qu'il faut référer la démolition de tant de villes et villages de Provence. C'est alors, plutôt qu'au temps des Saxons et des Lombards venus auparavant, que périrent les villes de *Cimélion*, d'*Athénopolis*, *Heraclea*, etc. etc. et probablement d'Olbie. C'est alors, dit Honoré Bouche dans son histoire de Provence, que la plûpart des villages de la côte de la mer, et au cœur de la province, détruits et démolis par la main de ces barbares, ont changé de nom.

Il est d'autant plus probable que c'est aux Sarrazins qu'il faut attribuer la ruine d'Olbie, que les Saxons venus par le mont Genèvre, l'an 577 de l'ère chrétienne, ne ravagèrent que l'intérieur de la Provence sans toucher aux côtes, et que les Lombards qui marchèrent sur leurs pas un an après, s'établirent dans les terres d'Avignon, et ne dépassèrent pas celles d'Arles et de Marseille. D'ailleurs bientôt chassés par Mummole, ils n'ont pesé que fort peu de temps sur la Provence, tandis que les Sarrazins venus à plusieurs reprises, eurent tout le temps de livrer au fer et au feu, tout le pays maritime qu'ils occupèrent longtemps, et notamment du côté d'Olbie, ce que nous savons par le témoignage des bois et des rochers des environs de l'Eoube qui ont conservé le nom de Maures, et par le peu d'éloignement de la garde Freynet, où ils se fortifièrent et se défendirent jusqu'en 937, ou 940, et d'où ils ravageaient tout le pays circonvoisin; on sent aisément que longtemps avant cette époque, Olbie petite, ouverte de tout côté, incapable de se défendre, devait avoir péri sous la fureur de ces barbares.

Voilà ce que nous avons pu recueillir sur cette ancienne ville, et ce qu'il y a de plus probable sur sa fondation, son emplacement, et l'époque de sa ruine. Examinons maintenant l'opinion assez généralement reçue que la ville d'Hières actuelle, a été bâtie par les Olbiens après la destruction de leur patrie.

Honoré Bouche, dans son histoire de Provence, pense qu'Hières est l'ancienne Olbie de Strabon, de Mela et de Ptolémée, qui perdant son nom grec d'heureuse et de riche, en trouva un autre équivalent au premier, celui d'Iéros, qui veut dire sacré, c'est-à-dire heureuse et agréable au point d'être sacrée. Ce sentiment ne paraît pas soutenable, si l'on fait attention, ainsi que le dit Papon, que le nom de cette ville qui est *Areæ*, ne justifie pas cette opinion; et que les colonies fondées par les Marseillais, peuple essentielle-tiellement livré au négoce maritime, furent toutes bâties près des rivières pour y déposer leurs marchandises, ou sur des golfes pour défendre leurs vaisseaux contre les attaques des ennemis, et qu'ils ne pouvaient espérer à Hières aucun des avantages qu'ils se proposaient en faisant de pareils établissemens.

Quand même nous n'aurions pas les probabilités nombreuses rapportées ci-dessus, pour placer l'ancienne Olbie à l'Eoube, ces raisons me paraîtraient suffisantes pour rejeter l'opinion de Bouche, et de tous ceux qui veulent qu'Olbie fût anciennement située à Hières. L'étymologie du nom d'Hières, tirée d'Iéros sacré, me paraît aussi dénuée de fondement; car quelle nécessité pouvait-il y avoir de changer celui d'Olbie, flatteur pour le pays, et qui rappelait son origine grecque, sans que la ville changeât de place? et d'ailleurs ce changement ayant lieu sous la domination des Romains, est-il croyable qu'ils eussent préféré tirer le nom de la ville du grec plutôt que du latin, qui était alors la langue des grands, et la base de celle du peuple?

Papon présume qu'Hières ne remonte pas au

delà du 6.ᵉ ou 7.ᵉ siècle ; il pense qu'elle fut bâtie quand l'Olbia des Marseillais située du côté du port de l'Eoube eut été détruite par les pirates ou par les Sarrazins. En effet, il n'est question de cette ville dans aucun auteur ancien ; la ressemblance de son nom avec celui de la ville *d'Aëria* qu'on trouve dans Apollodore, Strabon, Pline et Etienne de Byzance, pourrait au premier abord induire à erreur, si Strabon ne la nommait positivement avec Orange et Avignon entre la Durance et l'Isère. D'Anville prétend que cette ancienne ville répond au Mont-Ventoux ; d'autres veulent que ce soit plutôt le château de Lers, situé sur la rive gauche du Rhône, vis-à-vis de Roquemaure et non loin d'Avignon, le père Monet dit qu'elle est le château de Mornas, et Sanson la cité de Vaison. Raymond Solery est le seul qui prétende qu'il y a deux villes appelées du même nom, une aux peuples Voconces, et aux Cavares, et l'autre aux Camatulliciens, et que cette dernière est la ville d'Hières en Provence ; mais aucun de ces auteurs ne fondant son opinion, Bouche en conclut que cette ville est aujourd'hui inconnue, si ce n'est, dit-il, qu'il paraît par les paroles de Strabon, qu'elle devait être vers le Dauphiné. C'est ce qu'il y a de plus vraisemblable, surtout si l'on fait attention que Pline désigne *Aëria* dans l'intérieur des terres, et qu'il la nomme comme jouissant des privilèges latins, avec plusieurs autres grandes villes, telles qu'Aix, Avignon, Apt, etc. etc., d'où il paraît que de son temps *Aëria* devait être considérable, ce qui certainement ne peut s'appliquer à la ville d'Hières.

Je partage le sentiment de Papon, en pensant néanmoins que lorsque les Olbiens vinrent s'établir à Hières, ils ne furent pas les premiers fondateurs de cette ville, mais qu'ils ne firent qu'accroître et fortifier un lieu peu considérable, à la vérité, mais qui devait être habité depuis fort longtemps. Voici sur quoi je fonde mon opinion.

Les Camatulliciens, ainsi que nous l'avons dit, éloignés de douze stades du rivage maritime, par Caïus-Sextius-Calvinus, n'avaient pas de plus belle position à occuper que celle de la hauteur où est située la ville d'Hières, dont la distance des bords de la mer est à très-peu de chose près, celle exigée par le consul romain. (*) Là perdant l'avantage du commerce maritime, ils trouvaient un territoire opulent. Là, se présentait un lieu fortifié par la nature, d'où ils pouvaient jeter un coup-d'œil d'amour et d'espérance sur leur ancienne patrie; je ne dis pas qu'ils y eussent fondé une ville considérable, ce qui ne peut être que l'ouvrage du temps, surtout chez une nation vaincue et asservie, qui d'ailleurs n'eût pas tardé à porter ombrage aux Marseillais pour la sûreté

(*) Les 12 stades font 1500 pas géométriques, un mille et demi d'Italie.

de leur nouvel établissement sur la côte, mais je pense qu'à cette époque, ils ont dû jeter les premiers fondemens de la ville d'Hières.

Les Romains, à l'exemple des naturels du pays, surent apprécier la beauté du territoire de cette ville, et la douceur de son climat. Et cela est tellement vrai, qu'ils couvrirent d'habitations tous les alentours de la ville actuelle. C'est ce que prouvent plusieurs sépultures romaines découvertes sous le côteau où est située la chapelle dédiée à la Sainte-Vierge, ainsi que plusieurs monnaies trouvées au même lieu, dont la plus grande partie appartenait aux règnes d'Antonin le Pieux, et de Constantin le Grand. (1) On connaît l'inscription romaine rapportée par Bouche, que l'on voyait de son temps près de l'église de Notre-Dame du Plan. Cette inscription que j'ai inutilement cherchée, prouve que la partie du territoire sud-est, à peu de distance d'Hières, était également habitée par ces conquérans de la Provence ; et le beau pavé en mosaïque, ouvrage évidemment romain, découvert récemment dans les terres au nord-est de la ville, confirme encore mon opinion. (2)

Si, comme je viens de le prouver, les Romains cultivèrent le territoire de cette ville, peut-on s'empêcher de croire qu'ils aient habité son emplacement actuel qui leur offrait une position militaire, un coup-d'œil magnifique, et un abri contre la fureur des vents du nord? On voit encore aujourd'hui à Hières deux pierres tumulaires (3) qui peuvent à la vérité y avoir été apportées des campagnes environnantes, mais qui plus vraisemblablement ont appartenu à des familles romaines qui y étaient établies. Je sais bien que ce témoignage, s'il n'était appuyé par aucun autre, serait faible et suspect, mais il existe d'autres probabilités en faveur de mon opinion.

Le nom latin d'*Areæ*, conservé en provençal par celui d'*Iero*, aire, qu'Hières portait très-anciennement, a fait croire que la hauteur sous laquelle elle existe aujourd'hui, était le lieu où une population voisine venait fouler ses grains. En supposant que cela fut ainsi, n'est-il pas plus naturel de penser que cette population habita l'emplacement actuel, ou du moins ses alentours, que de croire avec Achard dans sa description historique et géographique des bourgs et villages de Provence, que c'étaient les Olbiens éloignés de plus de deux lieues qui y transportaient leurs grains, tandis qu'ils avaient auprès de leur ville plusieurs endroits très-convenables à cet usage.

D'ailleurs, l'importance presque soudaine de cette ville peu de temps après l'extermination des Maures dans leur fort du Fraxinet, ajoute un nouveau poids à mon opinion. Car il est à présumer que les seuls Olbiens n'auraient pu parvenir, dans l'espace de deux siècles, à la rendre aussi considérable qu'elle le devint, si toute la population effrayée des pays environnans ne s'était jointe à eux pour se réunir aux anciens habitans d'Hières, où le commun besoin de se défendre les fit accueillir avec joie, et les porta tous ensemble à travailler sans relâche à augmenter et à fortifier un lieu déjà très-fort de sa nature. Voilà sans doute les causes de l'accroissement presque subit de cette ville et de la célébrité dont elle jouit tout-à-coup, d'obscure et d'inconnue qu'elle était avant l'apparition des Sarrazins en Provence.

En effet, dès l'année 980, époque de la mort du frère de Boson I.er, nommé Pons, Hières, selon l'avocat Bouche, dans son essai sur l'histoire de Provence, était déjà sous la dépendance de cette famille qui avait pris le nom de vicomtes de Marseille. (*) Papon prétend qu'en 989, les seigneurs de Fox, de la maison de Marseille, qui avaient aussi le domaine d'Hières, ou qui du moins y possédaient beaucoup de biens, fondèrent une abbaye à St. Pierre d'Almanarre. C'est la même abbaye qu'Honoré Bouche prétend n'avoir été fondée que vers l'an 1188. J'ignore lequel de ces deux historiens peut avoir raison, ni l'un ni l'autre ne donnant aucune preuve de leur sentiment; mais j'en conclus qu'il

―――――

(*) Ruffi dit qu'aucun titre ne prouve que ce Pons ait été premier vicomte de Marseille, que ce doit être Guillaume son fils, en 981.

fallait qu'Hières, fût dès ce temps-là, une place d'une certaine importance pour qu'elle eût mérité d'avoir pour seigneurs, des personnages qui tenaient d'aussi près aux comtes de Provence ; je sais que Papon dit dans un autre endroit que ce ne fut que dans le onzième siècle que cette ville fut donnée à un cadet de la maison de Marseille, de la branche des seigneurs de Fox ; mais comme il est en contradiction avec lui-même, qu'il ne rapporte aucune preuve à l'appui de cette opinion, et que l'avocat Bouche doit avoir eu des motifs en faveur de la sienne, je crois que c'est celle qu'il faut adopter.

Hières sous la domination des vicomtes de Marseille, ne tarda pas à acquérir la plus grande célébrité ; on la voit dans l'affouagement général, fait en 1200, décorée du titre de *nobile castrum aréarum*, qu'elle ne partage dans ce grand dénombrement de toutes les villes de Provence, qu'avec Tarascon et Salon. Hières, dit Honoré Bouche, était autrefois en bien plus haute estime qu'elle n'est aujourd'hui, à raison de son château qui était une des plus fortes places qui fussent le long de la côte de la mer, et Charles I.er, roi de Naples et comte de Provence, ne se crut jamais bien assuré en Provence qu'il n'en eût aquis la propriété l'an 1257, par échange d'autres terres, jusqu'à dix mille sols de revenu, avec les vrais possesseurs de son domaine qui étaient auparavant des vicomtes de Marseille. Elle était aussi ville du plus grand négoce maritime, où se faisait d'ordinaire l'embarcation des pélerins pour la Terre-Sainte.

Dans un autre endroit de son ouvrage, cet historien donne des détails sur cette cession en faveur de Charles. Voici comment il s'exprime : « Charles I.er du nom, comte de Provence, ayant en 1257, le droit de son côté, et le vent propice; ayant appris que ceux qui se disaient en ce temps là, seigneurs de la ville d'Hyères, et des Sthœcades, ou Iles-d'or, savoir, un Roger d'Hières, Bertrand de Fox, Mabile fille d'un Amelin de Fox, Hugonne et Jauffred Yrats (*) étaient des usurpateurs, ou bien leurs pères, du château, de la ville et des îles d'Hières, qui appartenaient de plein droit aux comtes de Provence, et qu'ils avaient usurpé toutes ces places au temps du comte Ildefons, aïeul de sa femme, en ayant chassé par voie d'hostilité la garnison que ce comte Ildefons y avait logée, les fit sommer de lui remettre toutes ces places, autrement qu'il procéderait contre eux, comme criminels de lèze-majesté; de quoi ces seigneurs épouvantés remirent au comte Charles, en 1257, qui était alors à Tarascon, tous les droits, et toutes les prétentions qu'ils pouvaient avoir sur la ville, le château, et les îles d'Hières, moyennant la somme de dix mille sols de revenu annuel, et sous d'au-

---

(*) Moreri, dans son dictionnaire historique, l'appèle Geoffroy Ivat.

tres conditions amplement couchées dans Nostradamus. »

En réfléchissant sur ces différens passages, et en comparant entr'eux les historiens de Provence, on en conclut que les premiers vicomtes de Marseille, seigneurs de la ville d'Hières vers la fin du 10.e siècle, ou du moins très-peu de temps après, perdirent cette place avant le règne d'Ildefons I.er, probablement en 1162, où ils se révoltèrent pour maintenir l'indépendance du comté de Provence contre le vieux Raymond Bérenger, qui sut étouffer leurs diverses séditions, et les réduire à l'obéissance; que profitant ensuite de la guerre de Guillaume VI, comte de Forcalquier, dont ils furent les alliés contre Ildefons II, en 1202, ils parvinrent à s'emparer d'Hières et à reprendre leur première autorité sur cette ville qu'ils conservèrent jusqu'en 1257, époque où Charles I.er la leur enleva pour toujours; en sorte qu'il est vraisemblable que les vicomtes de Marseille, de la branche des seigneurs de Fox, ont été les maîtres de la ville d'Hières pendant environ 237 ans, mais avec une interruption d'une 40.e d'années. Je n'avance ici que des probabilités; mais que peut-on offrir de plus, à défaut de chartes et de preuves historiques.

Cette famille, en perdant son pouvoir sur cette ville, conserva cependant les biens qu'elle y possédait. C'est ce qui appert d'une charte datée

4

de Naples le 25 février 1309, (4) par laquelle Charles II, roi de Naples et comte de Provence, donna à Feraud de Thorames, de la maison de Glandevès, gentilhomme de sa chambre, et à ses héritiers, en récompense des services qu'il en avait reçus, les biens seigneuriaux que Guillaume d'Hières (*), probablement le Troubadour, et Raymond son fils, de la maison de Marseille, avaient à Hières, Roquebrune et en plusieurs autres endroits de la Provence, à la charge de les tenir aux mêmes conditions que ces gentilshommes.

Depuis l'établissement des communes sous le règne du comte Bérenger Raymond, vers l'an 1132, Hières jouissait de tous les droits, franchises et priviléges accordés à cette espèce d'administration patriotique. Sous les comtes, elle était une des huit vigueries qui comprenaient toute la Provence, et en cette qualité elle avait droit à se faire représenter aux états du pays. Nous voyons, par une charte qui existe dans les archives de Toulon (5), en date du 11 octobre 1289, qu'Hières, à cette époque, avait un viguier et un vice-viguier, et que Toulon n'était que bailliage.

En considérant l'importance dont cette ville jouissait dans ce temps-là, on aurait lieu d'être

---

(*) Nostradamus, dans son Histoire de Provence, dit que ce Guillaume mourut en 1251.

surpris de ce qu'elle a constamment décliné depuis cette époque, et de ce qu'elle est si peu considérable aujourd'hui, si on n'observait pas que sa célébrité naquit des circonstances et devait finir avec elles. Toulon était alors ouvert de tous les côtés, attaquable par mer, incapable de résister aux Sarrazins (*) ; tandis qu'Hières, placée sur une hauteur, entourée de bonnes murailles, à l'abri d'un château-fort, était sur la côte la seule place qui pût se défendre contre ces terribles étrangers, qui pût même leur en imposer. Elle avait de plus que Toulon un territoire immense, et d'une richesse sans égale; mais les choses ne tardèrent pas à changer de face après l'expulsion des Sarrazins. Toulon, fortifié, devenu l'objet des soins des maîtres de la Provence, réunit bientôt les nombreux avantages que lui assurait sa position pour la guerre et le commerce; dès-lors Hières commença à déchoir, et perdit enfin toute son importance militaire, dès que l'invention de la poudre eut démontré la faiblesse de ses murs.

L'année 1254 est remarquable à Hières par l'arrivée de Saint Louis, qui retournait de la Terre-Sainte. Il s'arrêta plusieurs jours dans cette ville, et y écouta un religieux de Saint-François, natif de Digne, qui prêcha dans la campagne

---

(*) Cette ville saccagée par eux le 27 juillet 1176, le fut encore 21 ans après, en 1197.

contre les mœurs des moines ambitieux, qui suivaient la cour. Le roi et toute sa suite sortirent de la ville pour l'entendre. (*)

Ce fut vers l'an 1290 ou environ, que, selon Papon, les cordeliers établirent à Hières un très-beau couvent, qui a subsisté jusqu'à la révolution, et en 1250 que le pape Innocent III confirma les biens et le monastère de Saint-Pierre d'Almanarre dont j'ai parlé ci-dessus. (6). On verra, dans la note, combien cette charte, dont la date est de 1250, me paraît devoir être précieuse aux habitans d'Hières.

Benoît XIII unit à ce monastère celui de Saint-Pons de Gemenos le 14 décembre 1407. Cette bulle est dans les registres manuscrits de Peyresc, (7) et Louis II, roi de Sicile et comte de Provence, confirma cette union en 1409. Mais ce monastère était trop exposé aux courses des pirates et aux attaques des Sarrazins, pour pouvoir subsister plus longtems. Il fut, en effet, détruit; et les religieuses, après en avoir obtenu la permission de Benoît XIII, qui résidait à Savone, vinrent, en 1409, s'établir à Hières dans l'abbaye de l'ordre de citeaux, qui n'a cessé d'exister qu'à la révolution.

Charles II ayant établi en Provence, en l'an 1307, deux sénéchaussées au lieu d'une seule qui existait auparavant, soumit la viguerie d'Hières à

(*) Papon. Mémoires de Joinville.

la sénéchaussée de Provence proprement dite. (*) Cette même année est célèbre par la destruction des Templiers. Cet ordre avait, à Hières, une maison dans laquelle furent arrêtés trois religieux, dont Honoré Bouche cite les noms (**). En portant la vue sur cette époque, on aime à se rappeler que le sang des Templiers ne coula pas en Provence, et que si Charles II eut la faiblesse de complaire à Philippe-le-Bel, en les faisant arrêter et emprisonner, il sut du moins épargner leur vie, et distinguer le malheureux du coupable. Il est digne de remarque que, deux cent soixante-cinq ans après la destruction de cet ordre célèbre, le massacre des protestans lors de la Saint-Barthélemy, n'eut également pas lieu en Provence, malgré les ordres de Charles IX. Ainsi dans ces deux circonstances, et dans des temps où il était si facile de se laisser emporter au fanatisme religieux le plus cruel et le plus aveugle des travers de l'esprit humain, il est glorieux pour les Provençaux d'avoir fait céder la brusquerie et l'emportement qu'on leur reproche, aux sentimens de tolérance et d'humanité.

En 1391, la ville d'Hières, fidèle au parti de ses (***) souverains légitimes, députa Jean Jassaud

---

(*) Essai de l'avocat Bouche.
(**) Les frères Arnaud, Pierre-Jean de Montmeillan et Raymond de Angulis.
(***) Nostradamus, qui a conservé le nom de ces

aux états de la province, qui furent présidés à Aix par la reine Marie et Louis son fils. On y délibéra sur les moyens à prendre pour repousser Raymond de Turenne, qui, à la tête d'une armée composée de bandits, mettait la Provence à feu et à sang, détruisait les communautés, brûlait les archives, et mérita d'être surnommé le fléau de la Provence. On sait que ses prétentions sur les terres aliénées en sa faveur par la reine Jeanne, et légitimement reprises par les comtes ses successeurs furent le prétexte de cette invasion, résultat effrayant de la faiblesse des princes, qui, semblables à cette reine, récompensent des sujets souvent ingrats, au préjudice des peuples.

Les troupes levées dans les vigueries d'Arles, Marseille, Tarascon, Hières, Toulon et Ollioules, allèrent assiéger le château des Baux. (*) Ce ne fut qu'après neuf ans de meurtres et de pillage, que cette guerre, ou plutôt cette suite d'atrocités, finit par la médiation du maréchal de Boussicaud, et par la mort de Raymond de Turenne.

Si nous en croyons Nostradamus dans son histoire de Provence, les propriétaires des salines

---

députés, place la convocation de ces états en 1340. Il est étonnant qu'il ait commis une erreur de cette nature. Ne serait-ce pas une faute d'impression?

(*) Essai de l'avocat Bouche. Nostradamus prétend que ces troupes firent le siège de Roquemartine.

de la ville d'Hières, firent en 1345 un présent de cent soixante mille olles, ou pots de sel, à George de Marle, sénéchal et gouverneur de Provence, pour le rachat du château de Bréganson, situé dans la mer, que pour lors occupait Baude de l'illustre famille de Spinola, gentilhomme génois, afin qu'ils n'eussent, dit-il, empêchement et destourbier à la récolte de leur sel. Il paraît par ce passage que les salines faisaient alors, comme aujourd'hui, partie du territoire de la ville d'Hières, et que Bréganson avait cessé d'appartenir à la couronne. Cela est tellement ainsi, que le même auteur dit que ce fut en 1406, que Baude de Spinola vendit le château de Bréganson à Louis II. Je ne sais pas si à cette époque les salines appartenaient aux comtes de Provence, mais elles étaient à eux en 1438, puisque l'avocat Bouche dit que cette année-là le bon roi Réné se trouvant à Aix, s'adressa à quelques riches particuliers de la ville d'Hières pour les prier de lui avancer la somme que les états lui avaient promises pour la guerre de Naples, et qu'il donna pour caution, les salines qu'il avait dans le terroir de cette ville. (*)

(*) Cette somme était de cent mille florins d'or. Je laisse aux nombreux intéressés dans le fameux procès tant de fois élevé par le sieur Rouard, le soin de faire toutes les réflexions que suggèrent en foule en leur faveur, ces divers passages des historiens de Provence.

Vers la fin du quinzième siècle, Hières déchue de son a cienne célébrité, Hières dépeuplée, et dont les murailles sans force ne méritaient plus l'attention des souverains de la Provence, reprit tout-à-coup une existence nouvelle. L'agriculture source de la prospérité des nations, l'agriculture qui, par le manque d'eau, était à Hières comme un corps sans âme, eut bientôt remplacé par la richesse son importance militaire. Ce fut l'ouvrage d'un seul homme, de Rodolphe de Liman, qui, en 1490, imagina et fit construire le canal d'arrosage qui porte la vie et la fertilité dans les campagnes de cette ville. (*) J'ignore quelle était la patrie de Rodolphe de Liman, mais il est certain que les Hiérois lui doivent la source de leur prospérité actuelle; que, sans lui, Hières n'occuperait pas un rang distingué parmi les villes du département, et qu'elle n'attirerait pas cette foule d'étrangers qui ne peuvent se lasser d'admirer la fertilité de son terroir. Son nom tombé dans l'oubli mériterait un monument qui le conservât.

Les Maures qui, de temps en temps, reparaissaient sur les côtes, et que n'avait pu éloigner la forteresse élevée en 1519, dans l'île de Porqueyrolles, surprirent Toulon, Hières et la Va-

---

(*) L'acte passé entre la communauté et Rodolphe de Liman, est entre les mains de M. Bernard, surnommé le riche. Il serait à désirer qu'il existât dans les archives de la ville.

lette, en 1531, chargèrent de fers la plus grande partie des habitans et ravagèrent leurs terres. Une chose a lieu de surprendre, dit l'avocat Bouche, c'est que les Provençaux, qui prenaient les armes au seul nom de Charles V, ne firent pas le moindre mouvement pour prévenir ou remédier aux désastres dont les Maures étaient les auteurs (*). Si cela fut ainsi, gardons-nous d'attribuer cette immobilité apparente au défaut de courage, mais bien à la stupeur occasionnée par une attaque à laquelle ils étaient loin de s'attendre. Pourrions-nous oublier que jadis ils avaient délivré leur patrie de la présence des Maures, et qu'ils n'avaient jamais craint de se mesurer avec eux ?

Peu d'années après cette surprise, en 1536, on sait que Charles V entra en Provence à la tête d'une armée formidable. Doria reçut l'ordre d'en ravager toutes les côtes, ce qu'il exécuta fidèlement depuis Antibes jusqu'à Marseille. L'histoire nous apprend que Toulon souffrit alors de la présence des impériaux, tandis qu'Hières fut épargnée par Doria, qui aimait beaucoup cette ville. Prédilection aussi heureuse qu'honorable dont elle doit conserver le souvenir !

Après la retraite de Charles V, à laquelle contribuèrent puissamment le courage et le patriotisme

---

(*) Paroles de l'avocat Bouche. On y trouve une inadvertance grammaticale.

des paysans provençaux, la Provence ne tarda pas à être déchirée par les guerres de religion, qui durèrent presque sans relâche depuis 1553 jusqu'en 1580. Dans cette trop longue scène de fureurs et de cruautés, d'autant plus déplorables qu'elles avaient pour objet un Dieu de paix et de tolérance; il ne paraît pas que la ville d'Hières ait joué aucun rôle actif jusqu'à l'époque des Carcistes et des Razats, qui a commencé en 1576. Hières suivit le parti des Razats qui, sans embrasser les nouveaux dogmes, s'était élevé en faveur des religionnaires, que les ordres du comte de Carces, grand sénéchal et lieutenant pour le roi, avaient réduits à une telle indigence qu'il semblait que le rasoir eût passé sur leur tête. Dès qu'un arrêt du parlement en 1579 eut déclaré les Carcistes perturbateurs du repos public, et eut permis de courir dessus, nous lisons dans les historiens de Provence, que les habitans d'Hières, de la Valette, Toulon, Ollioules, Solliés et des villages circonvoisins, commandés par les capitaines Boyer et Lauzet, taillèrent en pièces six ou sept cents Carcistes retirés à Cuers, et qu'après cette expédition ils allèrent enlever les lieux de Pierrefeu et du Canet, ainsi que les châteaux de Bréganson et de Cogolin.

J'oubliais de dire que la sénéchaussée d'Hières, une des douze que contenait la Provence, fut créée en 1544. Elle fut transférée à Toulon en 1643; rétablie à Hières en 1655; transférée de rechef à Toulon en 1662, et enfin rétablie à Hières en 1674, en laissant subsister celle de Toulon. Ce tribunal subalterne a existé à Hières jusqu'à la révolution.

Charles IX, dans son voyage en Provence, en 1564, n'oublia pas de visiter Hières, où la richesse du terroir, dit l'avocat Bouche, fut aux yeux du Roi et de sa cour un sujet d'admiration. Il faut bien en effet que le séjour de cette ville lui eût paru agréable, puisqu'il s'y arrêta cinq jours, et qu'il n'en passa que quatre à Aix, et huit à Marseille.

Nous arrivons à une des époques les plus désastreuses des annales de la Provence, aux guerres de la ligue, qui suivirent immédiatement celles des Carcistes et des Razats, ou qui, pour mieux dire, n'en furent que la continuation. Dans ce temps déplorable, les royalistes, les ligueurs et les religionnaires vainqueurs et vaincus tour-à-tour, remplissaient la Provence de leurs fureurs, et n'en faisaient qu'un vaste champ de carnage; la division s'était non-seulement glissée dans les villes, mais encore dans les familles. Des frères suivaient un étendard différent; le père armait son bras contre ses enfans; le pacte social était rompu, et le peuple, toujours trop crédule, ne s'appercevait pas, en se livrant aux plus grands excès, que loin de servir un Dieu de bonté dont on l'entretenait sans cesse, il n'était que l'instrument des passions particulières des chefs et des grands.

Malgré que la ville d'Hières comptât des royalistes dans ses murs, la majeure partie de la population tenait pour le parti de la ligue. Le baron de Mévouillion qui s'était jeté dans cette ville en 1589, et qui en occupait le château avec une garnison, y attira la Valette qui fut obligé de s'arrêter pour le battre, tandis que le fameux de Vins, profitant de ce siége qu'il crut devoir être long, se mit en campagne. Mais son attente fut trompée, car le château d'Hières se rendit plutôt que la Valette ne l'espérait. (*) Ce fut en partant de cette ville, pour secourir celle d'Aubagne, que ce général apprit la mort d'Henri III. On sait que de Vins, soutenu alors en secret par le duc de Savoie, ne tarda pas à reprendre toutes les places dont la Valette venait de s'emparer.

Sous Henri IV, les factions continuèrent à répandre du sang; et lorsqu'enfin la cause du souverain légitime eut triomphé, & que le duc d'Épernon fut forcé en 1595 à quitter son gouvernement et les places dont il s'était saisi, moins peut-être dans l'intérêt du Roi, que dans celui de son ambition, le roi envoya M. de Roquelaure, maître de sa garde-robe, avec ordre de raser et de démanteler toutes les places qui avaient tenu le parti de la ligue, entre lesquelles, dit

---

(*) Louvet, histoire des troubles de Provence.

Louvet, fut le château d'Hières et autres. C'est donc en 1595, qu'après huit cents ans d'existence, ce château, redouté des Sarrasins, objet de l'envie de Charles II, fut sacrifié par le meilleur des princes, au ressentiment le plus juste.

Sous Louis XIII, Hières ne nous présente aucun événement remarquable. Le dix-septième siècle vit s'y établir plusieurs corps religieux; les recollets y fondèrent un couvent en 1621; les religieuses de Ste. Claire, s'y établirent en 1634, et les pères de l'oratoire en 1649. Ces maisons religieuses qui y ont subsisté jusqu'à la révolution, prouvent qu'Hières acquérait alors en richesses ce qu'elle perdait en importance militaire.

Cette ville déjà honorée par la visite de deux rois de France, le fut encore, le 16 février 1660, par celle de Louis XIV, qui fut enchanté, comme ses devanciers, de la beauté de son terroir.

Sous ce prince, les habitans d'Hières, s'adonnèrent entièrement à l'agriculture, et comprirent que les trésors inépuisables que leur offraient un sol et un climat privilégiés, pouvaient seuls réparer les malheurs des guerres civiles. Arène, citoyen de la ville d'Hières, (*) y introduisit en 1640, vingt espèces d'orangers, et trente et une

---

(*) Cette famille, qui est aujourd'hui éteinte, fut anoblie en 1710 par Louis XIV, en la personne de Joseph Arène, maire et viguier de la ville d'Hières.

espèces de limoniers, ainsi que les palmiers, les cannes à sucre, et un grand nombre de plantes exotiques, ou inconnues à Hières. Son nom mérite d'être placé par la reconnaissance publique à côté de celui de Rodo'phe de Liman.

Je ne m'appesantirai pas sur les détails affligeans de la révolution; Hières présenta à cette époque le tableau de toutes les villes de Provence. Les idées nouvelles de liberté, si propres à séduire le peuple, et sur-tout le peuple provençal, y furent adoptées avec enthousiasme, et tel, qui se glorifie aujourd'hui de son royalisme, fut dans le principe, le plus chaud partisan de la révolution. Cependant l'émigration fut très-nombreuse à Hières, et plusieurs causes y contribuèrent : la proximité de Toulon; la terreur de la plûpart des riches propriétaires qui craignaient que leurs biens ne devinssent un titre de proscription; la fuite des membres d'une assemblée formée pendant les sections, qui au lieu de plier momentanément sous la force des circonstances et de l'opinion dominante, seul moyen d'éloigner de leur pays la discorde civile, le pire de tous les maux, n'envisagèrent que l'honneur de soutenir la plus belle des causes, celle du souverain légitime; enfin la noblesse de quelques familles.

Malgré les efforts des hommes sages, malheureusement en trop petit nombre, le délire inconcevable qui s'empara de la France entière, rendit bientôt cette ville le théâtre des plus grands excès. Tous les couvents dévastés, et quelques-uns démolis, leurs archives anéanties, les autels renversés, le sacrilège porté au comble, furent à Hières, comme dans toute la France, des traits détachés de l'affreux tableau que je ne déroulerai pas en entier. Cependant il est vrai de dire que l'administration de cette ville, où se trouvaient heureusement quelques hommes qui ne se servaient du démocratisme que pour sauver leur vie et leur fortune, ne laissa commettre que les crimes qu'elle ne put empêcher, et répara plus d'une fois en secret des maux devenus inévitables.

Ce temps désastreux disparut devant le gouvernement impérial, dont l'ambition attira d'autres malheurs sur la France. Bonaparte avait réprimé les partis, mais il ne les avait pas étouffés. Sous lui, on fut tranquille à Hières, mais les plaies n'étaient pas fermées, la haine vivait en silence.

L'année 1814 avait vu les alliés envahir le sol de la patrie; leurs baïonnettes, tant de fois humiliées, menaçaient les murs de Paris. Depuis plusieurs jours on était sans nouvelles des armées, on ne recevait plus de journaux, lorsqu'enfin le 13 avril 1814, au milieu d'une anxiété qui était au comble, arriva le moniteur qui annonçait le choix de la nation en faveur de Louis XVIII. Il faut avoir été présent pour pouvoir se faire une idée de l'excès de joie qui transporta la ville entière. Hommes, femmes, enfans, s'embrassaient, se félicitaient à la fois. Des larmes de plaisir coulaient de tous les yeux ; et ce qu'il y eut de remarquable et de bien glorieux pour la ville d'Hières, c'est qu'au sein de l'allégresse publique et de l'agitation inséparable d'un aussi grand événement, il n'y eut pas un instant pour la vengeance, pas une exclamation de haine, pas un cri de proscription. La ville ressemblait à une plage où des ennemis se trouveraient réunis à la suite d'un naufrage, et ne songeraient plus qu'à remercier d'un commun accord, l'Éternel qui viendrait de les sauver ; tant il est vrai que l'on était généralement pénétré que les Bourbons étaient la seule planche de salut. Cependant cette conduite est d'autant plus belle, que si, d'une part, les partisans de la révolution, ne savaient pas encore combien sont sacrées et invariables les promesses d'un Bourbon, d'un autre côté les anciens royalistes durent être portés à concevoir des espérances outrées.

Toutefois à travers cette joie universelle, perçait un reste d'inquiétude. Toulon, le formidable Toulon, n'avait pas encore arboré le drapeau blanc ; aussi vingt-quatre heures après l'arrivée du moniteur, personne à Hières n'avait osé prendre la cocarde blanche.

Cependant les jours s'écoulaient, l'impatience était au comble ; on désirait ardemment de la part du maire, M. Charles-Casimir Valleran, la proclamation du gouvernement des Bourbons.

Cet ancien royaliste, cédant enfin au vœu général, et aux sentimens de son cœur, prit sur lui de proclamer le roi, sans en avoir reçu l'ordre, le 17 avril 1814.

Ce jour-là, l'amour des Hiérois envers notre auguste monarque, se manifesta de nouveau avec l'explosion et la vivacité provençale. Il m'est impossible de peindre les réjouissances, les embrassemens, les transports d'ivresse qui signalèrent cette belle et mémorable journée. Tous les citoyens participèrent à cette fête de famille ; et si l'enthousiasme ne fut pas égal dans tous les cœurs, du moins l'esprit de parti n'avait pas encore soufflé le feu de la discorde, et divisé des Français. Le lendemain un très-beau dîné chez Félix Suzanne, propriétaire de l'hôtel des ambassadeurs, réunit une cinquantaine de principaux habitans. Tous n'avaient pas suivi le même chemin dans le temps orageux de la révolution; mais tous, ce jour-là, aux cris cent fois répétés de vive le Roi! et dans des embrassemens réciproques, jurèrent amour et fidélité aux Bourbons, ainsi qu'oubli des haines passées. Que ce spectacle fut touchant et sublime ! Pourquoi faut-il qu'un an après le souvenir de ces sermens ait été perdu?

Peu de jours après, MM. Casimir Valleran et Louis Auran portèrent aux pieds du trône les hommages et les félicitations de la ville d'Hières. S. M. daigna se souvenir d'avoir visité cette ville avant la révolution, et adressa à ses députés les paroles les plus flatteuses.

L'année 1814 qui s'écoula sous la domination du roi, fut un moment de calme après une longue tempête. Nous respirions, l'édifice de notre bonheur paraissait se consolider, et cependant il faut bien que des levains secrets aigrissent sourdement les esprits, et que les mêmes causes qui ont fomenté la rébellion en France eussent agi à Hières, puisque le parti de Bonaparte ne craignit pas de se montrer toujours plus à découvert, à mesure que l'usurpateur s'approcha de Paris. Cependant les royalistes qui formaient la presque totalité de la population, ne perdaient pas courage; deux détachemens de volontaires royaux, forts de quatre-vingts hommes environ, partirent d'Hières, aux frais de la commune, pour l'armée du duc d'Angoulême, et ils auraient été plus nombreux, si quelques-uns des jeunes gens riches de la ville, eussent échauffé le peuple par leur exemple.

MM. Bataille et Denans commandèrent ces détachemens ; mais vains efforts, il fallut céder au torrent : le soleil du 11 avril 1815 éclaira le drapeau tricolore sur les murs de Toulon. Dès le matin cette nouvelle fut connue à Hières, et combla de joie les partisans de Bonaparte. Les royalistes firent cependant bonne contenance toute la journée; mais à huit heures du soir, le sous-préfet de Toulon, ayant transmis à la mairie d'Hières l'ordre de proclamer le gouvernement impérial, il y fut procédé de suite, à la lueur des flambeaux.

Dès le lendemain éclatèrent les anciennes haines et les dissentions que la malheureuse arrivée de Bonaparte avait fomentées dans le silence. Plusieurs royalistes furent dénoncés, deux d'entr'eux accusés d'avoir crié vive le Roi, furent conduits et emprisonnés à Toulon, où ils furent relâchés neuf jours après, faute de preuves. La nuit du 7 mai 1815 fut marquée par un guet-à-pens, où deux royalistes furent attaqués en rentrant chez eux ; le plus jeune fut le plus maltraité, et faillit à perdre la vie. Ce jour-là même, avait donné sa démission, M. Charles-Casimir Valleran, maire d'Hières, dont les efforts constans et plus d'une fois périlleux, pour maintenir le bon ordre, méritent de vivre dans la mémoire de ses concitoyens.

M. Filhe lui succéda. Son administration fut sage, et telle qu'on l'attendait d'un riche propriétaire intéressé au maintien de la tranquillité. Cependant ses soins et ses exhortations n'empêchaient pas les deux partis d'être en présence, et prêts à se déchirer au premier signal. Cent officiers du bataillon qui se fesait appeler sacré, arrivèrent à Hières le 2 juillet 1815. Cette compagnie formée à Toulon, et envoyée à Hières pour y demeurer en garnison jusqu'à l'entier payement des contributions levées par le maréchal Brune, avait sans doute les plus sinistres projets, à en juger par ses menaces; mais la contenance et la fermeté des royalistes leur en imposèrent. Les deux frères Denans arrêtés, en arrivant, par cette troupe exaltée, furent relâchés au bruit de la générale et du tocsin qui appelait les royalistes à leur défense. Ces officiers restèrent douze jours à Hières; on paya leur dépense dans les différens hôtels; mais leurs craintes continuelles, et les nuits qu'ils furent obligés de passer sous les armes, dédommagèrent en quelque manière de ce léger sacrifice.

A peine délivrée de leur présence, Hières eut à redouter un danger bien plus imminent : les résultats de la bataille de Waterloo étaient connus, Marseille avait taché de sang le jour de sa délivrance, et les Hiérois, fêtant par avance le retour du gouvernement royal, avaient arboré le drapeau blanc à toutes les fenêtres; le 14.e régiment de chasseurs à cheval, arrivant le 23 juillet, à la pointe du jour, sabre ces signes de réjouissance, et menace de détruire la ville de fond en comble. Un piquet de chasseurs se rend sur la place de la maison commune; là, sept hommes de garde à la porte de l'hôtel de ville, se rallient à la hâte. Un chasseur, le sabre levé, sort du rang, et leur ordonne de crier vive l'Empereur; le nommé Réboli, simple cultivateur, né à la Garde, couche en joue le chasseur audacieux, et lui répond par le cri de vive le Roi. Trois fois le chasseur renouvelle son ordre, et trois fois l'intrépide Réboli répète le même cri. Voilà un de ces traits de véritable bravoure que l'histoire se plaît à recueillir, et qui est d'autant plus digne d'éloge, que je ne doute pas qu'il n'ait puissamment contribué au salut de la ville, en donnant à ces chasseurs la mesure du courage des habitans, et de leur dévoûment à la cause des Bourbons. Peu de jours après, le colonel de ce régiment étant présent, lorsque le maréchal Brune reçut à Toulon, des mains de l'amiral Ganteaume, la cocarde blanche que celui-ci ôta de son chapeau pour la donner au maréchal, revint à Hières, et exhorta son régiment à imiter l'exemple de ce général. En effet, les chasseurs partirent d'Hières avec la cocarde blanche et le drapeau blanc, que la ville, joyeuse de se délivrer de pareils hôtes, consentit volontiers à leur fournir.

Tout redevint tranquille après ce départ ; mais des propriétaires timorés ayant ouvert l'avis d'appeler des compagnies franches de Marseillais qui étaient dans les environs, quelques royalistes qui dès ce moment cessèrent de mériter ce nom, secondés par cette troupe indisciplinée, se livrèrent à une vengeance qui ne connut bientôt plus de bornes. Ce fut alors que commencèrent ces actes arbitraires, ces expéditions nocturnes qui sont l'ouvrage des lâches de tous les partis, et qui terniraient la belle réputation de royalisme qu'Hières a si bien méritée, si un peu d'écume pouvait altérer la pureté d'un fleuve, et en suspendre le cours. Une maison pillée à différentes reprises, des visites illégales faites nuitamment, un grand nombre de citoyens forcés à s'expatrier, plusieurs jetés dans les prisons, des vitres et des fenêtres brisées, un femme brûlée en mannequin sur la place publique, un officier près de périr sous le bâton; telle est en abrégé l'énumération déplorable des violences qui s'exercèrent à cette époque, que des écrivains passionnés et de mauvaise foi ont eu l'impudeur de comparer à celle de 93, d'épouvantable mémoire, en oubliant que les vrais amis de la monarchie, essentiellement partisans de l'ordre et de la liberté sans licence, n'y ont nullement contribué, et quelques fois même en ont été les victimes.

Les bonapartistes eurent à Hières les premiers torts; ils furent d'autant plus inexcusables, que lors de la première restauration, ils furent tous traités en frères; mais le peuple, car c'est le peuple qui a agi, devait-il user envers eux d'aussi affreuses représailles; devait-il s'acharner aussi longtemps et avec autant de fureur contre une poignée de citoyens égarés, que les vertus et la fermeté du Roi rallient chaque jour davantage aux intérêts de la patrie? Convenait-il de se faire publiquement un titre de gloire de ces odieuses persécutions? d'y envelopper des hommes paisibles qui furent étrangers au choc des partis?

N'était-ce pas désobéir formellement au meilleur des princes, et se mettre même en état de rébellion contre lui ?

L'ordre s'est enfin rétabli, les fugitifs sont rentrés dans leurs familles, et tous les habitans animés d'un égal amour pour l'auguste descendant de nos rois, pour le fondateur de la véritable liberté, se pénétreront toujours plus de cette grande et importante vérité, que l'union et l'oubli peuvent seuls mettre la France au-dessus de ses infortunes, et la rendre encore la première nation du monde.

Ici finit la tâche que je me suis imposée. Puissai-je avoir jeté quelque jour sur l'histoire d'une ville intéressante ! Puissai-je sur tout avoir prouvé que nulle considération, que nul esprit de parti n'ont pu me détourner du chemin de la vérité, dans le récit des derniers événemens arrivés à Hières !

NOTES

DE LA PARTIE HISTORIQUE.

(1) Ces preuves d'habitations romaines se trouvaient dans la propriété de M. Pelissier, à quatre mille mètres environ au sud de la ville.

(2) Ce pavé en mosaïque qui appartenait sans doute à une maison de campagne d'un personnage distingué, a été découvert en 1817 par M. Charles Clapier, dans sa propriété située à cinq mille mètres environ au nord-est de la ville.

(3) Une placée dans le mur extérieur, à côté de la porte d'une maison, qui porte le millésime de 1572, dans la rue Ste. Catherine, est ainsi conçue :

> Q. ATILIUS.
> Q. L. PREPON.
> SIBI ET SUIS
> VIVOS F.

L'autre qui appartenait à un tombeau de famille, se trouve dans une cour de M. de Boutini aîné, rue du Cheval-Blanc ; elle est fort belle, mais l'inscription en est un peu fruste : il est cependant très-facile de la rétablir en ajoutant les prénoms des personnages qui y sont nommés. La voici telle qu'elle est sur la pierre :

> D. M.
> I VALERIO. TER
> .... ISSIO. I. VALERO.
> .... IO. E. VALERO.
> ...... VALERIANO. FILIS I.
> .... MESSIUS T. F. l.
> ET SUIS.

(4) Cette charte se trouve à Naples, à la Zecca, reg. 1309, fol. 2. Elle est rapportée par Papon.

(5) Elle est conservée à Toulon, dans le sac A. Elle porte des règlemens de police sous le bon plaisir du juge royal. Le conseil fut assemblé par le *discretum virum dominum Jacob de Vascalla judicem vicarie arearum*, pour confirmer et faire mettre à exécution par le bailli (*bajulo*) de Toulon, des règlemens de police arrêtés le 22 juillet de la même année 1289, dans le palais de Toulon, en présence de M. le chevalier (*Milite*) Pierre Aurellâ, vice-viguier d'Hières, (*vice-vicario arearum*).

(6) Ce titre qui se trouve sans doute à Aix dans le regitre de parchemin, est rapporté tout entier dans le premier volume des mémoires manuscrits du sieur de Haitze, citoyen de la ville d'Aix, possédés par la bibliothèque de Marseille; il porte la date de 1250, époque bien antérieure à la donation de Bréganson par la reine Jeanne, sur laquelle se fonde le sieur Rouard. Cette charte ne laisse aucun doute sur ce que les salines comprises dans le territoire d'Hières, appartenaient dans ce temps-là au couvent d'Almanarre, et que le lieu de Bormettes, loin de faire partie du petit marquisat de Bréganson, était alors un château qui avait un territoire à lui. Voici comment s'exprime cet acte : *Præterea quascumque possessiones quæcumque bona idem monasterium possidet firmo vobis, et eis quæ vobis successerint, et illibata permaneant. In quibus hæc propriis duximus exprimenda vocabulis, locum ipsum in quo præfatum monasterium est, cum omnibus pertinentiis suis, decimas, domos, hortos, terras, vineas, possessiones, salinas, et redditus quos habeat in castro de areis, et territoriis castrorum quæ Pennulum, Roueta,*

Hyronis et Brumeta vocantur etc. etc. Je ne crois pas que ce titre laisse le moindre doute sur la fausseté des prétentions du sieur Rouard. Je ne sais pas où peut avoir été situé le lieu de Pennulum ; quant à Roueta et Hyronis, c'étaient deux territoires contigus dont on a réuni les noms dans celui de Rouveirone, Rouve, Irone, que porte encore un quartier dans le terroir de Solliés-ville. En 1297, c'était Raymbaude de Puiricard, de Podio Ricardi, qui était abbesse d'Almanarre; en 1417, Saure de Glandevés, qui l'était encore en 1427, comme il conste par un acte de l'extensoire d'Antoine Lombardi, de Marseille, fol. 54 ; en 1454, Louise Baussane, prouvée par un acte de l'extensoire A A, de Jean Julien, notaire de Marseille, fol. 36 ; en 1490, Bellette de Glandevés, mentionnée en des actes de cette année, et de 1491, rière Alphantis, notaire de Marseille. Je cite ces abbesses parce que les actes où il est question d'elles, et qu'il est très-facile d'avoir à Marseille, éclairciraient, sans doute, le point litigieux en faveur des habitans d'Hières. Bouche assure que pareille confirmation de biens fut faite à ce monastère en 1243, par Raymond Bérenguier V, dernier comte de Provence, de ce nom.

(7) Ce fut Saure de Glandevés qui reçut l'union des deux couvens, dont elle fut mise en possession le 31 décembre 1407, par Thomas de Pupio, archevêque d'Aix, commissaire délégué par Benoît XIII.

SECONDE PARTIE.

ESSAI TOPOGRAPHIQUE.

INTÉRIEUR DE LA VILLE.

§ 1.er Au pied et jusques vers le milieu d'une colline à couches schisteuses de couleur brune, où le quartz et le mica se font appercevoir fréquemment, à 4320 mètres de la mer, et à environ 100 mètres au-dessus de son niveau, est bâtie, en amphithéâtre, la ville d'Hières : sa latitude est de 43^d. 7^m. 23^s., et sa longitude de 23^d. 48^m. 11^s.; son étendue du nord au sud est d'environ 450 mètres, et de 500 de l'est à l'ouest. Sa population s'élève à 7000 individus.

2. La partie supérieure de la ville, dite de Saint-Bernard, du nom de l'abbaye royale qui la dominait, n'est habitée, jusqu'au quartier de la Barbecane, que par la classe la plus indigente. Les maisons y sont généralement petites, mal propres et délabrées. Cependant quelques pans de fort belles murailles à demi-ruinées, quelques portes très-larges entourées de pierres magnifiques, des restes d'arcades et d'anciennes voûtes, prouvent que l'opulence n'a pas toujours dédaigné ce séjour élevé. A la Barbecane, la ville commence à prendre un nouvel aspect : ce quartier est plus agréable, quoi-

qu'encore solitaire. Les maisons y sont plus belles, et indiquent l'aisance de leurs habitans, dont quelques-uns sont même riches. Mais c'est réellement à la place de l'hôtel-de-ville, qu'Hières change tout-à-fait de face; elle n'a plus alors qu'une pente insensible, et ne tarde pas à se trouver en plaine. C'est là, et dans les quartiers au-dessous que la population est très-nombreuse, que sont les boutiques des marchands de toute espèce, que se vendent les fruits, les légumes, le poisson et tout ce qui sert à la nourriture. Là sont presque toutes les maisons riches, et elles ne sont pas en petit nombre. On peut donc diviser la ville en trois parties bien distinctes, en supérieure, solitaire et délabrée, séjour du besoin; en moyenne et plus animée, séjour de l'aisance; et en inférieure, séjour de la richesse et de l'industrie. On sent bien que dans cette division générale il y a quelques exceptions à faire.

3. Les rues principales sont assez larges et bien pavées; il est fâcheux qu'elles aient plus ou moins de roideur, et que le défaut d'une bonne police y souffre une aussi grande saleté. Certaines rues au centre même de la ville sont inabordables par leur puanteur, et cependant la chaleur presque toujours excessive en été, et les exhalaisons putrides des marais, recommandent, bien puissamment aux habitans, la propreté la plus scrupuleuse.

4. Les quartiers les plus agréables, sous tous les rapports, sont ceux des Recollets et des Cordeliers.

C'est aux Recollets que sont les hôtels et la plûpart des maisons qu'habitent les étrangers. On y remarque celle de Madame Garagnon, où M. le comte de Lacépède a passé les trois mois d'hiver de 1815, avec son fils et sa belle-fille. Si ce savant, illustre autant que modeste, s'est souvenu dans ses dernières productions (*), du beau pays qu'il habitait avec nous; s'il a voulu y attacher quelque célébrité en le choisissant pour la scène des plus aimables fictions, qu'il sache que son souvenir est précieux à tous les habitans d'Hières. C'est dans ce même quartier que l'on trouvera aussi à louer trois ou quatre autres jolies maisons, et que sont les hôtels d'Angleterre, d'Europe et des Ambassadeurs; tous les trois sont amples et bien servis. Celui des Ambassadeurs a été loué dans quelques voyages, et mérite sa réputation. L'ancien quartier des Cordeliers, aujourd'hui place royale, et la place de la rade, offrent aux étrangers la maison des propriétaires des salines, qui appartenait, avant la révolution, à Monsieur de Bastide, dont la famille aujourd'hui éteinte, avait été anoblie par Louis XV, en 1751; celle de M. Filhe qui consent quelquefois à céder une partie de son beau logement; celle du médecin Gensollen, mon père, et plusieurs autres aussi commodes qu'agréablement situées, que chacun se fera un plaisir de leur indiquer.

(*) Dans les romans qu'il a publiés en 1817.

4. Le vaste local du couvent des Cordeliers a donné naissance à six jolies maisons. Le jardin qui était entouré de hautes murailles, est aujourd'hui la plus belle place de la ville, et les platanes qui l'ombragent ont été plantés dans les premiers temps de la république. Pourquoi faut-il que quelques-uns de ses féroces partisans n'aient pas respecté la belle et vaste église de ce couvent, dont la restauration serait déjà si nécessaire, et qui finira par devenir indispensable, pour peu que la ville gagne dans le bas? La truelle du propriétaire a orné l'humble cellule du religieux ; un jardin s'est transformé en place publique que des dépenses municipales ont successivement embellie, et les autels du seigneur sont encore foulés aux pieds des chevaux! Cette église possédait les tombeaux de la maison de Fox, qui malheureusement ont été détruits par le vandalisme révolutionnaire. J'ignore s'ils étaient décorés de quelque inscription. Il fallait qu'ils eussent été transférés dans cette église, de quelqu'autre plus ancienne; car l'établissement des Cordeliers à Hières, ne datant, selon Papon, que de l'an 1290 ou environ, l'église de ce couvent n'était pas encore bâtie lorsque la maison de Fox cessa d'avoir le domaine d'Hières, ce qui eut lieu en l'année 1257, ainsi que je l'ai établi dans la partie historique.

5. L'abbaye de filles nobles de l'ordre de Citeaux, qui dominait la ville, n'offre plus qu'un amas

de ruines ; elle est tombée sous la main dévastatrice de la révolution. C'était un grand bâtiment où les religieuses, en petit nombre, étaient fort bien logées, et recevaient une société charmante. Nous avons déjà parlé de l'origine de cette abbaye et de l'époque de sa translation à Hières. Nous ajouterons qu'elle jouissait de plus de quinze mille livres de rente, et que ses archives, qui ont disparu dans la révolution, furent visitées en 1780, par l'abbé Papon qui n'y trouva rien d'intéressant pour l'histoire de Provence ; elles m'auraient fourni sans doute quelque document précieux sur Hières, ou du moins sur le lieu très-ancien d'Almanarre d'où elle sortait. Les archives des autres corps religieux ont subi le sort de celles de cette abbaye. On doit surtout regretter celles des Cordeliers qui étaient les plus anciennes.

6. Le couvent des Recollets, situé à l'entrée de la ville du côté de l'ouest, jouissait d'un coup-d'œil magnifique. L'édifice était fort considérable, eu égard au petit nombre de religieux qui l'habitaient. Ce local est maintenant une auberge qui porte le nom d'hôtel d'Angleterre.

7. Celui des religieuses de Ste. Claire, placé dans un quartier fort élevé qui porte son nom, n'est plus qu'un amas de décombres ; la règle en était sévère et très-scrupuleusement observée. A côté de cet établissement pieux, était la maison de M. de Clapiers de St. Tropès, dont

il ne reste plus que l'emplacement. Cette famille originaire d'Andalousie, célèbre dans les armes, la magistrature et les sciences, était déjà illustre sou le règne du roi Robert, ainsi qu'on le voit par le testament de Jean de Clapiers, reçu par Dracon, notaire à Hières, le 2 août 1330, où il est qualifié lieutenant-général des armées de ce roi, et gouverneur de la ville et citadelle d'Hières. Cette maison possédait des biens très-considérables dans le terroir de cette ville ; elle en a disparu avec la possession de ses terres que la révolution lui a enlevée.

8. Nous avons dit, dans la partie historique, que l'hôtel-de-ville était une maison de Templiers; son architecture gothique est fort remarquable ; il est probable que ces infortunés religieux l'ont fait bâtir vers le milieu du onzième siècle, qui fut à-peu-près l'époque de leur plus grande prospérité, et alors elle a déjà plus de six cents ans. Cependant cet édifice est d'une construction si solide, qu'il n'a nullement souffert des injures du temps, et qu'il traversera sans doute encore un bien grand nombre de siècles.

9. La cathédrale sise presque au haut de la ville, et d'où l'on jouit d'une très-belle vue, n'offre rien de remarquable ; elle passe à tort pour avoir été un ancien temple de Bacchus ; c'est un assez grand vaisseau dont la construction très-ressemblante à celle de l'hôtel de ville, pourrait fort bien dater de la même époque. Elle

fut érigée en collégiale en 1572; le chapitre était composé d'un prévôt, de six chanoines, de quatre bénéficiers et de deux curés.

10. Il ne reste plus que quelques vestiges épars de l'ancien château qui protégeait la ville. Les remparts bien crénelés et flanqués de fort belles tours, méritent d'être observés; quelques-unes de ces tours sont encore en très-bon état. Ces remparts respectés sous Henri IV, lorsqu'il fit raser le château en 1595, ne l'ont pas été en 1812, où une partie en a été abattue, pour réparer la route qui conduit aux salines. Il me semble que l'on commit trois fautes à cette époque: la première fut celle de l'administration locale qui en toléra la démolition, sans s'appercevoir qu'ils sont un monument précieux pour la ville, le seul qui puisse donner une idée de son ancienne importance, et que l'on doit plutôt chercher à conserver qu'à détruire. La seconde, encore celle de l'administration, qui aurait dû épargner ceux de l'est, préservatifs des exhalaisons des marais, amenées dans la ville par les vents toujours dangereux de cette partie, abattre ceux du nord pour donner une libre entrée aux vents salutaires de ce côté; la troisième enfin, fut celle des ingénieurs qui en firent briser les belles pierres sous le marteau, lorsqu'elles auraient pu servir à faire des chemins ferrés aussi beaux que durables.

11. Aucun reste d'ouvrage romain ne se fait

remarquer dans cette ville; mais au défaut de monumens antiques, combien n'aimerait-on pas à y trouver un tombeau, un buste, une simple inscription qui rappelât le souvenir de l'immortel Massillon! La gloire de cet orateur patriote qui qui osa seul faire entendre la vérité à Louis XIV, et lui montrer le peuple abattu sous le poids de ses lauriers, retentit dans toute l'Europe; et des habitans de toutes les parties de l'Europe viennent envain, chaque année, demander à son ingrate patrie, où est situé le monument qu'elle lui a sans doute élevé? Hiérois, réparez cet oubli; vous le devez à l'homme illustre que rien dans vos murs ne rappèle à votre mémoire; vous le devez à vos enfans, à vous-mêmes, à l'Europe entière !

12. Les habitans d'Hières tiennent beaucoup au séjour des étrangers dans leur ville, et cependant ils négligent tout ce qui pourrait l'embellir. Que d'ornemens et d'améliorations à faire et qu'on ne fait pas ! N'était-il pas facile, depuis la révolution, d'agrandir la place des Recollets, dont le coup-d'œil est magnifique, et qui, ombragée par quelques arbres, serait une promenade délicieuse? Pourquoi les grandes routes qui conduisent à la ville, celle surtout qui mène aux salines, ne sont-elles pas bordées d'arbres comme en Italie, et en certains lieux de la France ? Le voyageur s'y trouverait à l'abri d'un soleil brûlant, et la ville qui aurait besoin d'être sépa-

rée des marais par une épaisse forêt, y gagnerait du côté de l'agrément et de la salubrité. Je parlerai des améliorations hygiéniques dans la partie médicale de cet essai.

13. Rien ne plairait davantage aux étrangers, et ne donnerait plus de relief à la ville, que l'entretien d'une petite troupe de comédiens, depuis le commencement de décembre jusqu'à la fin de mars. Plusieurs petites villes du département ont la comédie pendant l'hiver, et nulle cependant n'est aussi riche, et n'offre autant de ressources que celle d'Hières. Cent abonnés à 6 fr. par mois, et on les trouverait facilement, seraient déjà d'un bien grand secours, sans les recettes journalières qui s'élèveraient au moins à 400 fr. par mois. Je voudrais donc que quelques familles riches du pays, achetassent un local au centre de la ville, et le transformassent en petite salle de spectacle; la dépense serait peu considérable, et je ne doute pas que le louage de la salle pendant les quatre mois d'hiver, et le prix qu'on en retirerait des virtuoses et des bateleurs, dans le courant de l'année, ne rendissent aisément l'intérêt de l'argent placé. On y jouerait aussi quelquefois la comédie bourgeoise au profit des pauvres, et la charité gagnerait à cet établissement. Ce projet n'est pas impraticable, mais je crains bien qu'il ne s'exécute jamais, lorsque je me rappelle que les frères Bohrer, ces deux virtuoses célèbres, n'ont eu

que cinq personnes au concert qu'ils eurent la bonhomie de vouloir donner à Hières en 1815. Ce fait, qui paraîtra inconcevable, n'a pas besoin de commentaires ; les conséquences en sont faciles à tirer.

14. Le manque d'eau pendant l'été, rend le séjour de cette ville triste et insalubre dans cette saison. On ne compte en ce moment que trois fontaines à Hières, et encore est-il assez rare d'en voir couler une seule. Si les habitans et l'administration se pénétraient bien de l'idée que cette privation si insupportable est en grande partie la cause des maladies qui règnent dans le pays, si l'on fesait une attention sérieuse aux souffrances du peuple, je suis persuadé que, pour se procurer de l'eau, on emploierait enfin toutes les ressources qu'une ville aussi riche est dans le cas de fournir. Avant qu'on eût abandonné la source de Monache qui est dans la terre de la Castille, à 7500 mètres au nord de la ville, on en avait abondamment. Cette source seule suffirait, à la rigueur, au besoin de la population, puisqu'autrefois elle fesait couler six pouces d'eau dans la ville. Elle est encore telle qu'elle était alors ; Pourquoi ne pas en rétablir les conduites qui existent en grande partie ? La source qui est au pied de la colline de la Sainte-Vierge, à 400 mètres au sud de la ville, est la seule qui soit aujourd'hui chargée d'en alimenter les fontaines. Mais outre que son volume d'eau di-

minue extrêmement dans l'été, et tarit même dans les années de sécheresse ; les conduites n'en étant pas assez profondes, sont sujettes à se briser pour peu qu'elles supportent un poids trop violent. L'eau s'en évapore en partie dans l'été, par l'action brûlante du soleil, et elle se trouve privée de cette fraîcheur si précieuse sous tous les rapports. Il ne faut ni faibles moyens, ni demi-mesures pour remédier à un inconvénient aussi grave. A quoi servent donc, toutes les années, les dépenses que l'on fait pour entretenir et réparer des conduites à-peu-près inutiles ?

15. les étrangers qui aiment la bonne société, trouvent à Hières à satisfaire leur goût. Ils sont recherchés, accueillis avec empressement, et sont généralement enchantés de la politesse et de l'urbanité des personnes qu'ils fréquentent. Ils reviennent avec plaisir dans une ville dont ils conservent un souvenir agréable. Il serait trop long et impossible même de faire l'énumération des étrangers qui sont venus de tout temps visiter ce beau pays, soit par curiosité, soit pour y chercher un remède à leurs maux, dans la douceur du climat. On y verrait figurer plusieurs rois de France, des princes et une foule de personnages de la plus haute distinction, soit Français, soit des autres parties de l'Europe. Il n'est pas un seul voyageur qui, après avoir admiré à Toulon les merveilles de l'art et les chefs-d'œuvres du génie de l'homme, ne fasse une excursion à

Hières, pour y réjouir sa pensée, à l'aspect des trésors sans nombre que la nature verse à pleines mains sur ce sol privilégié. Le bon ton et l'usage du monde sont connus à Hières, et mis en pratique dans la société. C'est le fruit de l'éducation que les personnes aisées s'empressent d'aller chercher au-dehors; car depuis que l'excellent collége des pères de l'Oratoire n'existe plus, cette ville n'a offert que de très-faibles ressources en ce genre. (*)

16. Les promenades y sont intéressantes, sous plus d'un rapport. Il n'en est peut-être pas de plus agréable au monde que celle du superbe jardin de M. Filhe, qui est en tout temps ouvert aux étrangers, ainsi que celui de Madame de Beauregard. On trouve en sortant de la ville la promenade de la belle route des salines, celle des chemins des Lauves, de la Burlière, de la Sainte-Vierge, et d'Almanarre. Veut-on faire une course un peu longue? on aura une vue superbe en s'élevant au sommet de la montagne de Fenouillet. La belle côte de Carqueirane est digne d'être visitée. L'hermitage de la Sainte-Vierge est encore un but charmant de promenade par le coup-d'œil ravissant dont on y jouit, et sa belle chapelle

---

(*) Les Hiérois peuvent se dédommager par la proximité du pensionnat établi et dirigé à Solliés-le-Pont, par M. l'abbé Terrin, ecclésiastique qui mérite les plus grands éloges.

où le tableau du maître-autel, dont l'auteur est inconnu, est cependant un ouvrage d'une beauté remarquable. Sur ce chemin, en s'écartant un peu à droite dans le bois, on trouvera une assez belle grotte de stalactites, qui intéressera les amateurs. Elle porte dans le pays le nom de *traou deis fados*, trou des fées. Les bords de l'étang ne sont pas sans agrémens, surtout si on aime la chasse. On visitera avec plaisir la maison des *pesquiers*, des pêcheries, et l'on s'amusera à y voir prendre le poisson qui est d'une qualité supérieure. L'amateur de la solitude doit se transporter aux ruines de l'ancien couvent d'Almanarre, situé sur le bord de la mer. Enfin, ce ne sera pas sans intérêt que l'on visitera les salines d'Hières : je ne fais ici qu'indiquer ces divers lieux aux étrangers, leur laissant le plaisir d'y faire eux-mêmes leurs observations.

17. C'est ici le moment de réfuter les assertions outrageantes que M. Millin, membre de l'académie française, savant antiquaire sans doute, mais, selon toute apparence, mauvais observateur des mœurs d'un pays, a entassé sur le compte des paysans des environs de Toulon, dans son voyage dans les départemens du midi. Comme Hières se trouve dans le voisinage de cette ville, les étrangers pourraient se croire dans le cas d'être assassinés en se livrant au plaisir de la promenade. C'est une erreur qu'il est aussi essentiel que facile de détruire. Il ne faut pour cela

que citer les paroles de M. Millin ; elles feront sans doute éprouver à mes lecteurs la plus vive indignation. « En général, dit M. Millin, il ne
» faut pas se fier aux paysans provençaux, ceux
» des environs de Toulon sont pricipalement les
» plus méchans. Demandez-leur votre chemin,
» ils ne répondent pas, ou ils ne le font que
» pour vous égarer. Ayez bien soin que rien ne
» manque à vos équipages, à vos harnais, car il
» ne faut attendre d'eux aucune assistance. S'ils
» vous voient dans l'embarras, ils rient; si vous
» êtes en danger, ils passent leur chemin « Ici les couleurs se rembrunissent « Qu'un voyageur
» altéré cueille une grappe de raisin, il doit s'es-
» timer heureux si cette légère indiscrétion ne
» lui attire pas un coup de bâton ou de fusil
» de la part du propriétaire. » M. Millin ne s'arrête pas en si beau chemin ; « Leurs cris sont
» ceux du tigre, leur vivacité celle de la rage ;
» les rixes naissent pour des misères, elles occa-
» sionnent des injures, et la réponse à celles-ci
» est presque toujours un coup de bâton, de
» pierre, ou de couteau souvent mortel. Celui
» qui a commis le crime, revenu à lui, ne pense
» point à son atrocité, mais à ses suites. Il aban-
» donne sa victime qu'il pourrait secourir, et quel-
» quefois il l'achève pour n'avoir point à craindre
» sa déposition. Son parti est bientôt pris, il
» fuit, et posté dans les vaux d'Ollioules, ou dans
» les fonds de l'Estérel, il attend le voyageur,

» commence par être voleur, et devient assassin » par métier. C'est ainsi que se recrutent les » brigands qui infestent quelquefois les routes » de la Provence. » Telles sont les couleurs affreuses dont M. Millin s'est permis de noircir une portion nombreuse et estimable de citoyens utiles. C'est surtout lorsqu'il s'agit de parler des mœurs d'un pays, que l'on doit observer long-temps, et ne se permettre de dire que la plus exacte vérité. Je suis étonné que M. Millin qui n'a probablement couché que trois jours à Toulon, et un jour à Hières, où il n'a peut-être parlé qu'à son aubergiste, ait osé, au premier abord, transformer les paysans des environs de Toulon, en tigres, en brigands, en assassins, et en peupler les Vaux d'Ollioules et les fonds de l'Estérel. J'en demande pardon à un membre de l'académie française; mais des lignes pareilles que l'on ne peut avoir écrites que dans un accès de mauvaise humeur pour quelque désagrément inséparable des voyages, ou pour dire quelque chose de remarquable, portent avec elles leur réfutation. Rassurez-vous, étrangers qui venez à Hières; si les cultivateurs des environs de Toulon sont plus irascibles et plus jaloux que les autres de leurs droits de propriété, ils n'ont jamais assassiné personne pour une grappe de raisin; ceux des environs d'Hières sont honnêtes et complaisans. M. le comte de Lacépède, qui a parcouru tout le territoire de cette ville, m'a dit souvent qu'il était d'autant plus enchanté de la réception que lui fesaient les paysans, que ses décorations n'y contribuaient nullement, puisqu'il n'en portait jamais dans ses promenades. Ce témoignage si flatteur est confirmé par celui de tous les étrangers que j'ai connus à Hières ; et M. Millin lui-même, laisse échapper la vérité, lorsqu'il dit, quelques lignes au-dessous de celles que je viens de citer, que les habitans d'Hières sont *aussi doux que le climat sous lequel ils vivent*, sans s'appercevoir que par ces paroles, il détruit ce qu'il vient d'avancer sur le compte des paysans des environs de Toulon, qui sont aussi les environs d'Hières ; puisque personne ne croira jamais que des habitans limitrophes, qui se confondent journellement, soient les uns des tigres, des brigands, etc...., et que les autres soient aussi doux que le climat sous lequel ils vivent. Ce n'est pas la seule erreur que l'on trouvera dans un ouvrage qui, science à part, paraît avoir été crayonné en partie en courant la poste.

18. Il n'existe à Hières aucune fabrique. Toutes les richesses sont territoriales. Les fleurs d'oranger dont on devrait établir de nombreuses distilleries, se perdent sous les arbres. Ces mêmes distilleries pourraient tirer un très-grand parti de la lavande stæchas, *lavendula sthœcas*, qui couvre les campagnes d'Hières et le sol de ses îles. Que de ressources pour la fabrication de la potasse que l'on néglige totalement, ainsi que

l'incinération de la lie de vin que l'on jette dans les rues, et dont le produit est d'une si grande utilité dans les arts! Point de savonneries, de tanneries, de verreries, de blanchisseries; il semble qu'à Hières on ne puisse être qu'agriculteur, et agriculteur esclave de la routine. Le comte François de Neufchâteau connaissait bien peu le génie du pays, lorsqu'en 1811 il fit de louables efforts pour y établir une société d'agriculture, qui cessa d'exister le jour même du départ de son fondateur.

19. Peu de pays offrent autant de ressources pour la nourriture. Les fruits, les herbages, et les légumes toujours très-précoces, s'y trouvent en abondance. Le gibier y est exquis et en grande quantité; l'étang et les marais étant peuplés d'oiseaux aquatiques de toute espèce. Le marché est journellement fourni du poisson le plus frais et le plus recherché, et les boucheries sont nombreuses et bien servies. Au milieu de tant de moyens, au sein de la nature la plus opulente, on est tout étonné de lire dans l'auteur déjà cité, du voyage dans les départemens du midi, qu'*à l'exception des fruits et des légumes, il faut tirer toutes ses provisions de Toulon, ainsi que tous les objets de petite mercerie et d'épicerie,* passe encore si tout-à-coup, il ne manquait pas de mémoire, en affirmant, douze lignes plus bas, *que le pain et l'eau sont très-bons à Hières; que le vin y est passable, et que le poisson, la volaille et le gibier*

sont abondans. Il faut convenir que M. Millin est sujet à des distractions extraordinaires.

20. Je borne ici la description de l'intérieur de cette ville, à laquelle il ne faudrait que quelques efforts patriotiques, secondés par le gouvernement, pour que son séjour devînt un des plus agréables du monde. Dès que l'égoïsme et l'apathie cesseront d'appesantir sur elle leurs mains de plomb, plus grande, plus riche et plus industrieuse, je ne doute pas qu'elle ne devienne la seconde ville du département, et la patrie d'adoption d'une foule d'étrangers, que son climat, sa richesse, et son heureuse situation, auront attirés dans ses murs.

Territoire de la ville d'Hières.

§ 1.ᵉʳ Pour jouir du coup-d'œil d'une très-grande partie du territoire de la ville d'Hières, il faut se transporter, par un temps serein, aux ruines de l'ancien château qui la protégeait. C'est de là que l'œil parcourt avec admiration un bassin riche et varié de plus de 30000 mètres de circonférence. On apperçoit à droite une partie de la rade de Toulon, et le pic de Coudon que ses masses calcaires, privées de végétation, font contraster avec la beauté des campagnes environnantes, tandis qu'au nord, une partie des riches territoires de Cuers et du Puget, se font remarquer parmi les nombreuses montagnes qui les entourent. Cependant au milieu de ce tableau de vie et de fertilité, le philosophe trouve à méditer sur le néant des choses humaines. La poussière de l'ancienne ville que l'on foule aux pieds, ces vieux remparts, ces tours gothiques si imposantes autrefois, si faibles aujourd'hui, les ruines de l'abbaye royale de St. Bernard, ces campagnes embellies par l'arbre doré des Hespérides, que quelques heures de frimats suffisent pour dépouiller de leur plus belle parure ; ces vaisseaux, chefs-d'œuvres du genre humain, que la mer peut à chaqu'instant dévorer, fournissent une ample matière aux réflexions philosophiques. C'est une vue enchanteresse qui réjouit et attriste en même-temps.

2. Le périmètre du terroir d'Hières est de 75000 mètres. Je ne crois pas qu'il y en ait un plus vaste et plus riche dans le département du Var. Il est borné au nord par les communes de Cuers, de Pierrefeu et de Collobrières ; à l'est, par celle de Bormes ; au sud, par la mer ; et à l'ouest, par les territoires de la Garde, de la Fallède, de Solliès-le-Haut, et de Solliès-le-Pont.

3. On voit par la limite que je donne à l'est, que je ne me suis pas arrêté aux fausses prétentions si souvent élevées par le sieur Rouard, relativement à l'étendue de l'ancienne seigneurie de Bréganson, qui embrasserait, selon lui, toute la rive gauche de Gapeau, et qui remonterait en suivant le cours du Real-Martin, jusqu'à l'endroit dit le Maupas, comprenant en total un espace de 13,822 hectares, 13 ares, 35 mètres carrés. L'acte de confirmation des biens du monastère d'Amanarre, que j'ai cité dans une note, joint à la masse de preuves qui ont jailli du procès, ne laissent aucun doute sur la fausseté de pareilles prétentions.

4. Les voyageurs admirent avec raison, la richesse et la merveilleuse fertilité du sol de cette ville. L'oranger, le limonier, le grenadier, le palmier même y croissent en pleine terre, à côté de la vigne et de l'olivier qui servent de bordure à de nombreuses prairies. Les orangers rapportent

annuellement plus de deux cent mille francs. Le vin qui est la principale denrée du pays, est acheté pour l'intérieur et pour nos colonies, surtout dans les années où la récolte en est mauvaise, ou médiocre dans les autres provinces vignobles. Les génois qui se livrent au cabotage, en exportaient aussi une très-grande partie, ce qui malheureusement n'a plus lieu, depuis que le roi de Piémont a mis sur les vins un droit d'entrée exhorbitant. Sous ce rapport, la réunion de Gênes a porté un coup mortel à la Provence. L'huile y est abondante, mais en général, d'une qualité médiocre. Le fourrage y est bon, mais il perd de sa valeur, à mesure qu'il se rapproche des marais. Les fruits, les herbages et les légumes, toujours très-précoces, se répandent dans le pays environnant ; ils alimentent les marchés de Toulon, de Marseille et d'Aix, et vont même jusqu'à Paris. Il est fâcheux que le blé récolté dans le terroir ne puisse suffire que pour six mois, au besoin de ses habitans. Mais combien les richesses céréales ne seront-elles pas augmentées, dès que l'on sera parvenu, comme tout le fait espérer, à dessécher les marais qui usurpent au sud de la ville un espace si considérable, non seulement inutile, mais encore pestilentiel.

5. On compte deux rivières et plusieurs torrens dans le territoire de cette ville. Celle appelée Gapeau, du mot provençal *capeou*, chapeau, de la figure ronde de sa source, sourdit dans le territoire

de Signe, arrose ceux de Belgencier et de Solliès, parcourt le terroir d'Hières, du nord au midi, et vient se jeter dans la mer, à environ 800 mètres des salines. C'est à cette rivière qu'Hières doit l'arrosage de ses jardins, au moyen du canal dont j'ai parlé dans la partie historique. C'est ce même canal qui part de Gapeau, à environ 7000 mètres au nord-ouest de la ville, et qui traverse les campagnes du village de la Crau, que M. Millin appelle, dans l'ouvrage déjà cité, une source qui descend de la montagne. Si cela était ainsi, on ne serait pas en peine, à Hières, de faire couler les fontaines.

6. Le Réal-Martin, autre petite rivière, prend sa source dans le territoire de la commune de Pignans, et entre dans celui d'Hières, à l'endroit dit le Maupas, au-dessous de Pierrefeu; traverse toute la vallée de Sauvebonne qu'il arrose et fertilise, et vient se jeter dans Gapeau où il perd son nom, à environ 6000 mètres au nord nord-est de la ville. Cette rivière est plus considérable que Gapeau, et occasionne quelquefois de grands dommages dans les terres.

7. Je ne dois pas oublier le torrent appelé Roubaud, formé, à environ 400 mètres au sud-ouest de la ville, par les égouts du canal d'arrosage dont j'ai parlé ci-dessus. Ce torrent, grossi par les eaux pluviales, et par la fuite de celle des moulins d'Hières, contribue puissamment à alimenter les marais, en se répandant souvent dans

la plaine; aussi une des opérations les plus essentielles à faire pour parvenir à leur dessèchement, sera-t-elle de contenir ce torrent dans son lit trop étroit, et de le diriger ou dans l'étang des Pêcheries, ou dans le canal du Ceinturon. C'est aux ingénieurs à décider qu'elle est la voie la plus sûre et la plus courte.

8. Il existe encore deux autres torrens à la frontière-est du territoire de la ville: on les nomme Pensart et Malaveine. La crue de leurs eaux est très-dangereuse, soit pour les voyageurs, soit pour les terres attenantes; ils interrompent souvent en hiver, les communications avec les communes situées à l'est.

9. Tout le terroir au nord de la ville est un mélange de silice et d'alumine, ou l'une ou l'autre de ces terres prédomine plus ou moins. Cependant, il est facile d'observer que l'argile y est plus répandue que le sable, surtout dans les coteaux et les fonds nouvellement défrichés où il faut plusieurs années de culture pour que ces deux terres se mêlent parfaitement. Ce sol, en général, est presque toujours d'une exploitation difficile, étant très-dur lorsqu'il est sec, et retenant fortement l'eau lorsqu'il est détrempé par les pluies. Les engrais végétaux y sont indispensables pour suppléer aux substances calcaires qui y sont extrêmement rares. Aussi l'olivier y rend moins en général que dans les autres parties du terroir, excepté qu'il ne soit dans une

exposition très-avantageuse, et que le fonds ne soit léger et graveleux; mais l'huile y est d'une excellente qualité. Les vignes y produisent beaucoup, et le vin en est le meilleur et le plus recherché du terroir; il a beaucoup de corps et supporte très-bien la mer, mais il manque de ce montant précieux que lui donnerait un terrain léger et schisteux comme celui du coteau de la Malgue, près Toulon, dont le vin jouit d'une réputation méritée. Le village de la Crau qui se trouve de ce côté, à 6000 mètres de la ville, n'était, il n'y a pas plus de 80 ans, qu'un petit hameau composé de quelques maisons de bons laboureurs. C'est aujourd'hui un village de quinze cents âmes de population, y comprise celle des hameaux et campagnes environnantes. La vanité, compagne presque toujours inséparable de la richesse nouvellement acquise, n'a pas attendu la troisième génération pour y établir ses distinctions parmi des individus dont les pères qui portaient presque tous le même nom, vivaient dans l'égalité de l'âge d'or. Ce village, malgré ses vives et nombreuses réclamations, n'a qu'une très-petite chapelle, insuffisante au grand nombre de fidèles ; il n'a ni pont sur la rivière de Gapeau, ni fontaines, pas même un cimetière assez spacieux. Cette population a essayé plusieurs fois de s'affranchir du joug de la commune d'Hières, pour s'administrer elle-même ; je ne doute pas que cette scission, le plus grand bonheur qui puisse lui arriver, n'ait lieu tôt ou tard. La température de ce village est déjà si différente de celle d'Hières, que l'oranger n'y peut résister qu'à l'abri d'une haute muraille qui le protège contre le nord. Les montagnes de cette partie du territoire appartiennent toutes au genre vitrescible : la plûpart n'offrent que du grès ; quelques-unes sont composées d'un schiste ardoisé à feuilles très-minces ; on rencontre quelques roches quartzeuses et granitiques dans les plus élevées, dont aucune cependant ne paraît être d'origine primitive, à l'exception, peut-être, de celle de Fenouillet. Elles sont couvertes de pins, de chênes, de cistes et de bruyères de plusieurs espèces ; l'arbousier et le genêt épineux y sont très-communs, ainsi que toutes les plantes aromatiques de la Provence. Je n'y ai reconnu aucune trace de minéral, ni d'éruption volcanique.

10. Le territoire d'Hières est borné du côté de l'est par une chaîne de montagnes et de bois, dont la plus grande partie a conservé le nom de Maures. Une portion considérable de ces bois, appartient à la commune. On observe avec plaisir, vers le nord, au milieu des montagnes, une petite vallée où est bâti le hameau des Borrels, composé de cinq ou six maisons, et d'une cinquantaine d'habitans. Ces montagnes, toutes d'origine secondaire, sont entièrement vitrescibles ; le grès et le quartz en forment la base. Le mica s'y fait souvent remarquer sur un schiste à feuilles

très-minces. Les salines dont je ne ferai pas la description, parce qu'elles ressemblent à toutes les autres, et que plusieurs auteurs en ont parlé, se trouvent de ce côté à 5000 mètres environ de la ville, on y arrive par une très-belle route, où les étrangers peuvent se promener en voiture.

11. Une vaste plaine occupe le territoire-sud de cette ville; et s'étend jusqu'à la mer. C'est là, que dans un espace de plus de 30000 mètres de circonférence, la nature a étalé toutes les richesses du règne végétal. Il faut avoir vu cette plaine pour pouvoir se faire une idée du superbe coup-d'œil qu'elle présente. Les étrangers ne se rassasient jamais de la contempler. Elle est bornée au nord par la ville; à l'est, par l'ancien marquisat de Bréganson; au sud, par la mer et les îles d'Hières, et au couchant par la presqu'île de Giens et les montagnes de Carqueirane. Il est à croire que ce bassin était autrefois un golfe d'où la mer s'est retirée, et que les éboulemens des montagnes environnantes joints aux attérissemens de Gapeau, ont comblé dans la suite des siècles. C'est ce que prouvent des bancs de coquilles presque toutes bivalves, que l'on remarque dans les montagnes calcaires qui touchent la mer du côté du sud-ouest, ainsi que l'inspection du sol composé fréquemment de sable et de gravier roulé, où il n'est pas rare de trouver des ostracites, des camites et quelques nautiles.

Les marais qui en occupent une portion considérable, confirment encore cette opinion.

12. Une partie de cette plaine qui commence au nord nord-est, et qui se prolonge au sud-est, jusqu'à la mer, est coupée en deux par la rivière de Gapeau. Ce sol privilégié où les engrais sont inutiles, a plus de 7000 mètres de longueur; la rive droite est la plus fertile. Ce terrain léger, où le silice est en bien plus grande quantité que l'alumine, est de temps à autre enrichi par une couche calcaire, ainsi que par d'immenses débris de végétaux à demi-putréfiés que Gapeau entraîne de l'intérieur du département, et dépose, dans ses débordemens, sur les deux côtés de ses rives. Mais comme il n'y a jamais de bien qui ne soit mêlé de mal, cette rivière alimente en partie les marais qui sont au sud de la ville, en se répandant quelquefois très-au loin dans la plaine, et occasionne alors de grands dégats, dus en partie à des défrichemens mal entendus, qui la forcent à recevoir toute l'eau des montagnes, et à la cupidité des propriétaires qui dégarnissent ses bords, soit pour les cultiver, soit pour tirer parti des divers arbres qu'ils devraient au contraire y multiplier. D'autres cultivateurs, donnant dans un excès opposé, font faire des levées extrêmement hautes, qui préservent à la vérité leurs terres du danger d'être entraînées par des débordemens furieux, mais qui d'un autre côté les privant totalement des limons et des sucs

nourriciers qu'y laissait le séjour de l'eau, les condamnent à perdre peu-à-peu leur ancienne fertilité, sans qu'elle puisse être renouvelée. Il est donc essentiel que l'agriculteur s'attache autant à contenir la rivière dans son lit, qu'à permettre à l'eau surabondante de s'étendre dans les terres, et pour parvenir à ce double but, il n'a qu'à fortifier les endroits faibles, à entretenir des bords amples et bien boisés, et à prévenir les amas de galet et de sable qui lui donneraient une fausse direction. Ce terrain précieux produit des moissons abondantes et un fourrage excellent.

13. De nombreux jardins plantés d'orangers couvrent la partie de cette plaine la plus rapprochée de la ville; ils sont tellement protégés contre les vents du nord par les montagnes qui les bornent de ce côté, qu'ils furent préservés du froid de 1709, qui fit périr presque tous les oliviers de la Provence (*). Le jardin de M. Filhe et celui de Madame de Beauregard, sont les deux plus beaux de cette ville. Comme on pourrait me taxer

---

(*) Ils n'ont pas été aussi heureux cette année. Au moment où j'écris, la plus grande partie en est déjà coupée au pied. Ceux de Nice ont essuyé le même sort. Je ne rapporte la description de M. Millin que pour faire connaître ce qu'étaient les jardins d'Hières avant le froid que nous venons d'éprouver, et ce qu'ils seront dans dix ans.

d'exagération, si j'entreprenais de donner la description de celui de M. Filhe, je vais rapporter celle qu'en a faite M. Millin dans l'ouvrage que j'ai cité plusieurs fois. Quoiqu'elle soit un peu emphatique, elle n'est pas au-dessus de la vérité. » La maison, dit-il, sans être somptueuse, est élégante et bien bâtie; autour est un parterre brillant de mille fleurs; la tubéreuse, la cassie, le jasmin de Goa, y parfument l'air d'une odeur céleste. Les jardins que les romanciers et les poëtes ont tant vantés, ceux créés par le fécond génie de l'Arioste et du Tasse, quelques brillants qu'ils paraissent à l'imagination, sont aussi tôt effacés par le jardin de M. Filhe; là, on croit avoir cessé d'appartenir à la terre, pour habiter les riants bosquets où les âmes vertueuses doivent trouver un bonheur éternel et inaltérable. Les arbres sont si serrés les uns contre les autres, qu'il serait impossible de passer à travers le massif sans les sentiers qui servent à y circuler. Dix-huit mille orangers tous chargés de fleurs et de fruits offrent l'abri de leur feuillage à un nombre infini de rossignols qui chantent tous à la fois, et semblent remercier la nature qui leur fournit un ombrage si riant et si embaumé, etc. etc. » Le jardin de Madame de Beauregard, que M. Millin dit être contigu à celui de M. Filhe, et qui en est à plus de 200 mètres, a, selon lui, moins de célébrité; » mais il est, dit-il, plus étendu et plus varié; il contient moins d'orangers;

mais la quantité d'arbres fruitiers y est bien plus considérable, etc. etc. J'ajouterai que ces deux superbes jardins auxquels peu d'autres en Europe peuvent être comparés, ont chacun leur genre de mérite, et rivalisent entr'eux ; mais que l'amateur de botanique préférera celui de M. Filhe par le nombre et la rareté des plantes exotiques qu'il y cultive, et par les belles serres qu'il y a fait construire. Il existe, à Hières, beaucoup d'autres jardins fort riches et fort agréables dont les orangers ne le cèdent nullement à ceux de Nice, en vigueur et en beauté.

14. De vastes marais usurpent l'extrêmité opposée de cette plaine, et s'étendent presque jusqu'à la mer. Ces marais viennent d'être achetés par un propriétaire qui se propose d'en opérer le desséchement. Il en a sans doute reconnu la possibilité, et il est d'accord en cela avec M. Burel, lieutenant-colonel du génie, qui a bien voulu m'envoyer un mémoire sur ces marais, à la prière que je lui en fis, lorsque M. le comte de Lacépède, proposa, pendant son séjour à Hières en 1815, de les acheter par actions. Les vues de ce savant ingénieur ne peuvent qu'être infiniment utiles à cette entreprise, et je les communiquerai volontiers. Je me bornerai à citer un passage de ce mémoire qui me paraît de nature à intéresser puissamment le gouvernement, et les habitans de la ville d'Hières. » Je proposerais volontiers, m'écrit M. Burel, un petit port dans Gapeau avec

un petit canal de navigation qui l'unirait à votre ville, dont l'eau d'arrosage, après avoir enrichi vos jardins, alimenterait la dépense et l'évaporation ; je n'y voudrais qu'un seul sas d'écluse construit dans Gapeau même, le plus près possible de son embouchure, le lit de Gapeau servant de port et de bassin de chasse, fournirait une masse d'eau qu'on lâcherait contre la barre toutes les fois qu'elle serait trop haute. Cette rivière qui ne peut recevoir à présent que des bateaux de 0, 66 centimètres de tirant, admettrait des bateaux d'un mètre de creux, et peut-être même des tartanes. Quel avantage pour l'exploitation de votre ville et de la plaine! Pour 40 mille francs vous formeriez l'écluse et son sas, et conséquemment le port entier qui aurait, je crois, trois ou quatre mètres de hauteur d'eau au-dessus du niveau de la rade, et comme l'on voit, une chasse haute et puissante. L'idée d'un canal qui unirait le mouillage assez bon des salines avec votre ville, et s'étendrait même à la ville de Toulon, m'a toujours paru très-admissible, et mérite bien d'être agitée sous le triple rapport militaire, maritime et commercial. J'imagine, en effet, telle circonstance de guerre où les bateaux ne pourraient point absolument doubler la presqu'île de Giens, comme en 1745, et où il faudrait cependant armer la côte d'Hières, et alimenter les îles, quel avantage pour le département de la guerre! La marine de Toulon, de son côté, peut avoir à jeter, malgré les croiseurs et même malgré les ennemis maîtres de Porqueyrolles, cent chaloupes sur la rade d'Hières, pour la défendre et porter des secours à Port-Cros. Voilà, je pense, deux motifs suffisans pour que Sa Majesté se charge d'une portion de sa confection au grand soulagement de votre commune. Le point de partage de ce canal des salines à Toulon, se placerait naturellement dans l'étang qui est à 5000 mètres environ au couchant de votre ville, où l'on pourrait amener une dérivation de Gapeau pris à la Crau. La nature du sol, ainsi que son faible profil, et son petit nombre de sas, le rendraient peu dispendieux pour le roi et la contrée qu'il vivifierait. » Que d'excellentes choses dans ce passage, où la science est réunie aux plus grands intérêts !

15. En s'avançant vers le sud-ouest, on trouve bientôt la presqu'île de Giens que Papon et d'Anville croient être la station de *Pomponiana*, qui est marquée sur l'itinéraire d'Antonin. Cette presqu'île appartenait à la maison de Pontevés. Sa population diminue annuellement par l'effet des fièvres intermittentes qui y sont aussi fréquentes que dangereuses. Elle est réduite tout au plus aujourd'hui à trois cents individus qui n'ont guères que la pêche pour subsister. On observe encore de ce côté l'étang d'Hières qui a au moins une lieue de longueur du nord au sud, et une demi-lieue de largeur de l'est à l'ouest. Il est à 5000

mètres environ de la ville. Cet étang est couvert d'oiseaux palmipèdes et aquatiques ; les canards et les macreuses y sont par milliers pendant l'hiver; on y a vu dans des froids rigoureux des flammans, des cignes et quelquefois même des onocotales. Il est fâcheux que la chasse que l'on fait à ces oiseaux, ne soit pas protégée par des règlemens, et que la licence et le désordre en proscrivent le plaisir. On a pratiqué dans cet étang un canal qui communique avec la mer, où l'on a construit des bourdigues pour y prendre du poisson dont la qualité est excellente. Cet établissement où il y a une assez jolie maison, est digne de la curiosité des étrangers, ainsi que les vastes ruines du monastère d'Almanarre que l'on trouvera sur les bords de la mer, au commencement de l'isthme qui conduit à Giens.

16. Du côté de l'ouest la nature n'observe aucune gradation, elle passe brusquement d'un genre à l'autre. Le coteau au bas duquel était bâti le couvent d'Almanarre est vitrifiable ; le grès surtout s'y montre en blocs quelquefois énormes, tandis que la hauteur au-dessus où se trouve la belle chapelle dédiée à la Ste. Vierge, est entièrement calcaire. On y observe des bancs assez considérables de coquilles dont quelques-unes sont encore revêtues de leur nacre intérieure. Elles appartiennent presque toutes à la famille des Cames. On y a ouvert plusieurs carrières de belles pierres à bâtir qui se taillent aisément.

En s'avançant vers l'ouest sur les bords de la mer, on trouve la montagne de Carqueirane dont la partie orientale est vitrescible. C'est dans cette partie que l'on observe la lazulithe, *lapis lazuli*, pierre de la famille des Zéolithes, composée d'une terre siliceuse bleue et opaque, d'une cassure matte et d'un grain très-serré, qui raye le verre, forme le bleu d'outre-mer, et donne du gaz hydrogène sulfuré par les acides. Il existe à Hières des personnes qui croient bonnement que cette montagne contient de l'or : cette fausse idée provient des parties micacées et brillantes qui se trouvent assez fréquemment sur ces lazulithes. D'Argenville et Hellot ont avancé qu'il y avait une mine de plomb; il est facile de voir que ces deux opinions sont dénuées de fondement. Le côté occidental de cette montagne est tout calcaire. On y remarque du marbre blanc et rouge susceptible d'un assez beau poli. Sous cette montagne on apperçoit une soixantaine de campagnes plus ou moins rapprochées les unes des autres, qui constituent le hameau de Carqueirane, peuplé par plus de trois cents habitans. Il est parfaitement à l'abri du nord, ce qui lui permet d'avoir des orangers en pleine terre. Cette côte riante et pittoresque où l'agriculteur est très-actif et très-industrieux, est cultivée jusques au bord de la mer. Les étrangers qui passent l'hiver à Hières, et qui vont souvent s'y promener, y éprouvent toujours une surprise agréable en sortant des lieux alpestres et sauvages qu'il faut traverser pour y parvenir. Il n'existe plus aujourd'hui de chevreuils dans les bois de Carqueirane qui sont presque tous pelés.

17. Le dernier gouvernement avait entretenu à Hières, pendant quelques années, un directeur des cultures exotiques. On avait essayé de tirer parti de la douceur du climat de cette ville en y cultivant en grand le pastel, la canne à sucre et le coton, produits étrangers dont la cherté se fesait alors vivement sentir. Le pastel y venait à merveille, ce qui n'est pas surprenant, mais le bleu que fournit la fécule de cette plante, n'est nullement comparable à celui de l'indigo. La canne à sucre, privée à Hières de l'extrême douceur qu'elle ne paraît pouvoir acquérir que dans une autre hémisphère, sujette à périr si elle n'est abritée dans l'hiver, n'y sera jamais qu'un objet de curiosité ; et malgré que la température de cette ville convienne beaucoup mieux au coton, on ne peut pas s'en promettre une récolte assurée, les pluies d'automne la détruisant presque toujours à l'instant où la gousse commence à s'entr'ouvrir. Le même directeur cultivait à Hières la pistache de terre, *arachis hypogœa*, l'anis, la coriandre, le riz sec, le cafier, le gombaut, *hibiscus esculentus*, la patate, et même l'indigo. Ces diverses plantes y réussissaient plus ou moins bien, ce qui devrait encourager les habitans à faire des essais nombreux et variés sur ces végétaux, ainsi que sur beaucoup d'autres non moins précieux qui pourraient

s'acclimater à Hières. Un homme payé par le gouvernement est intéressé à grossir les succès, tandis que les agronomes du pays ne diraient que la vérité. Puisse le conseil d'agriculture créé par le Roi, tourner ses regards vers ce beau territoire, et parvenir à stimuler ses habitans!

18. Au résumé, je crois pouvoir avancer que, proportion gardée, il n'y a pas en Provence, ni même en France, une ville plus riche, et plus favorisée par la nature, soit du côté du sol dont une partie n'a jamais besoin d'engrais, soit du côté du climat, dont la douceur permet souvent au printemps de se déclarer dès le mois de janvier. Puissent ses habitans, secondés par un gouvernement paternel, apprendre qu'ils peuvent enrichir et embellir encore cette nouvelle Tempé, et se rendre dignes des avantages inappréciables dont ils jouissent, en sortant de leur indolence et de l'ornière de la routine!

TROISIÈME PARTIE.

Essai Médical.

Je n'ai pas la prétention, dans cette troisième partie, de vouloir offrir la topographie médicale de la ville d'Hières. J'ai indiqué dans l'avant-propos, les obstacles insurmontables que je rencontrerais pour un travail de cette nature qui est tellement important et difficile, qu'Hippocrate le considère comme la première chose que doit faire un médecin en arrivant dans une ville (*), et que les grands praticiens l'ont regardé comme réunissant toutes les connaissances médicales.

Si je n'ai pu acquérir une longue expérience dans la ville d'Hières (**), la franchise, cette qualité précieuse qui ne doit fléchir devant aucune considération lorsqu'il s'agit du bien public, cette qualité qui constitue le véritable médecin, régnera constamment dans cet écrit, et suppléera peut-être au talent.

(*) *De aëre, locis et aquis.*
(**) Ayant exercé ma profession aux armées pendant sept ans, ainsi qu'à Toulon où j'ai été médecin adjoint à l'hôpital militaire pendant l'épidémie de 1811, je n'ai habité Hières que fort peu d'années.

En jetant un coup-d'œil général mais approfondi sur la ville d'Hières, le médecin sera étonné de voir que dans un pays où la nature a tout fait pour les habitans, ceux-ci, loin de la seconder et de chercher à se rendre dignes de ses innombrables faveurs, semblent vouloir les repousser avec la plus coupable indifférence. Nulle part peut-être autant de jouissances, autant de ressources n'entourent l'homme en santé comme l'homme infirme, et nulle part ne règnent aussi puissamment l'apathie et l'imprévoyance.

On a reconnu de tout temps que c'est le voisinage des marais qui occasionne à Hières, pendant l'été, les maladies qui en attaquent annuellement la population. Quelquefois le principe délétère frappant simultanément le système nerveux et l'appareil digestif, opprime l'homme avec une grande rapidité ; j'en ai vu à Hières quelques exemples heureusement très-rares, dans ces pyrexies brûlantes et continues, où le trouble nerveux démontré par une rapide prostration des forces, le vertige, le délire, l'assoupissement, se joint à l'irritation de l'estomac, dont le symptôme le plus alarmant est le cholera morbus, ou à l'inflammation des intestins, manifestée par des diarrhées ou des dyssenteries ; tantôt l'effluve putride bornant son action aux voies digestives, n'y produit que des affections morbides qui leur sont propres ; d'autres fois atteignant seulement le genre nerveux, il donne lieu à des réactions fébriles qui affectent divers types, et qui sont communément accompagnées de céphalalgie ; de délire, d'étourdissemens, quelquefois même de syncopes, sans offrir aucun caractère gastrique proprement dit. Souvent, enfin, détruisant l'organisation d'une manière plus lente dans les systèmes lymphatiques et glanduleux, il engendre des leucophlegmaties, des ascites, des congestions, en un mot, la nombreuse famille des maladies qui reconnaissent pour mère une terre marécageuse.

Les campagnes qui avoisinent les marais, celles surtout qui sont situées dans des bas-fonds, sont bien plus exposées que la ville, à l'influence des exhalaisons malfaisantes. Leurs pâles habitans sont ravagés annuellement par des fièvres intermittentes ou rémittentes qui ne tardent pas ordinairement à devenir continues. Elles sont communément accompagnées, et plus souvent encore suivies d'ictères, de cachexies, d'affections cutanées, lorsque le défaut des forces digestives, l'état stagnant des sécrétions et des excrétions, ont affaibli et relâché les solides, et dépravé les liqueurs qui se trouvent privées de l'élaboration nécessaire. Quelquefois aussi elles se compliquent de maladies des viscères les plus importans, tels que le foie, la rate, le pancréas, lorsque les gaz méphitiques, non contents d'attaquer directement et à chaque inspiration, le sang dans l'organe pulmonaire où il passe à grands flots, portent encore leur action funeste sur les nerfs de cet organe qu'ils affaiblissent, lesquels à leur tour, réagissent sur ceux de la région épigastrique dont le cercle de vie embrasse avec tant de force, et gouverne si puissamment les viscères abdominaux.

Après les malheureux habitans de ces campagnes, c'est la classe pauvre et laborieuse forcée à travailler près des marais, et principalement les journaliers employés à la récolte du sel, qui éprouvent le plus l'action des miasmes. L'homme qui est bien vêtu, bien logé, qui ne s'expose pas à l'infection, dont les forces loin d'être abattues par le travail ou la sueur sont constamment et périodiquement réparées par de bons alimens, dont le moral n'est nullement affaibli par l'idée sans cesse présente de la misère et des maladies, a, sur le pauvre, des avantages incontestables. Aussi est-il facile d'observer, à Hières, que les personnes aisées sont rarement atteintes par les exhalaisons marécageuses.

D'après l'apperçu rapide que je viens de tracer des maladies endémiques à la ville d'Hières, et qui sont, comme l'on voit, les mêmes que celles qui règnent dans tous les lieux situés près des marais, il est facile de connaître la constitution physique et morale de ses habitans.

Leur constitution physique a subi un joug imposé à tous les hommes, l'inévitable joug des influences locales et météorologiques.

Les Hiérois ont en général le teint brun, plutôt pâle que coloré, la stature moyenne, assez fréquemment élevée, le corps ordinairement maigre; et lorsqu'il est en embonpoint, c'est souvent par l'effet d'une humidité surabondante, d'une dégénérescence lymphatique, qui distend leur tissu cellulaire, et leur donne une apparence leucophlegmatique.

Les Hiéroises sont d'une taille moyenne; elles n'ont pas en général la vivacité des brunes, quoiqu'elles le soient presque toutes; une certaine langueur, qui n'est pas sans agrément, préside à leurs moindres actions; un teint pâle remplace trop communément chez elles, ces couleurs vives et fraîches, emblêmes certains d'une santé robuste. Elles ont en général plus de grâces que d'éclat; le tempérament le plus commun aux deux sexes est le sanguin, se rapprochant un peu du phlegmatique.

Le caractère et les mœurs des habitans d'Hières, dépendent à leur tour de leur constitution physique.

Leurs habitudes sont constantes et uniformes. Il faut qu'ils soient excités par de grands intérêts pour sortir de leur manière d'être accoutumée. La classe aisée apprécie les bienfaits de l'éducation, et possède des connaissances; mais assez généralement portés à l'indolence, il est rare que les Hiérois s'appliquent aux études sérieuses, et on les voit plus soigneux de conserver leurs biens que d'en acquérir de nouveaux, en se livrant au commerce, et à des spéculations hasardeuses. Ils sont affables et polis, prévenans et hospitaliers envers les étrangers, et c'est une justice à leur rendre, avec M. Millin, que de dire qu'ils sont aussi doux que le climat sous lequel ils vivent.

Nous venons d'établir que l'influence marécageuse est la source principale des maladies qui règnent le plus communément à Hières; que le physique de ses habitans est le résultat de cette influence, et que le moral est chez eux, comme chez tous les hommes, esclave de leur physique avec lequel il est en rapport. Examinons maintenant les causes secondaires qui contribuent non seulement à perpétuer, mais encore à augmenter la puissance des gaz marécageux sur cette ville.

Dans tous les lieux où le règne végétal jouit d'une force extraordinaire, d'une existence brillante, l'homme peu soucieux de la sienne, s'endort avec sécurité sur un sol opulent. La terre couverte de fleurs et de fruits lui dérobe aisément la vue de sa tombe; il oublie les maux attachés à l'humanité, et cherche rarement à les éviter.

C'est ainsi que la nature a tout compensé. Elle a voulu que l'air marécageux essentiellement mortel pour l'espèce humaine, fût pour les plantes un agent de vie et de fertilité, et que l'homme apathique qui s'y trouve exposé fût peu attaché à la conservation de son être; soit qu'elle ait craint qu'il ne parvint facilement à outrepasser les bornes de la vie humaine, s'il avait eu le désir de la prolonger, soit qu'elle n'ait pas voulu qu'il jouît d'un bonheur sans mélange, qui n'est pas fait pour lui, en possédant à la fois tous les trésors de la terre, et une santé robuste.

Les habitans d'Hières ont dépassé le but de la nature. Insensibles au moral, à l'action des gaz délétères, non seulement ils n'ont jamais tenté de dessécher leurs marais, mais ils négligent d'en diminuer les funestes effets par les nombreux moyens que la médecine, disons mieux, le simple bon sens, suffit souvent pour leur indiquer.

En effet, n'est-il pas honteux qu'ils se promènent avec indifférence au milieu des ordures de toute espèce que l'on augmente chaque matin, principalement au centre de la ville, où la population est agglomérée, où l'air est le plus stagnant? Peuvent-ils ignorer que cette saleté, serait, elle seule, une cause puissante de maladies, quand même une chaleur quelquefois étouffante n'en souleverait pas, comme elle le fait, un nuage de gaz hydrogène sulfuré et carburé?

En supposant qu'ils échappent à ce danger, comment leurs organes affaiblis, disposés à recevoir l'impression morbifique, pourront-ils résister, en été, aux vents partout mal sains de l'est et du sud, qui apportent journellement dans la ville, et principalement lorsque la chaleur est la plus intense, les exhalaisons pernicieuses recueillies sur la surface des marais qu'ils viennent de balayer? exhalaisons d'autant plus à craindre qu'elles s'unissent à celles dont la ville se trouve imprégnée.

Ces considérations qui sont à la portée de tout le monde, doivent prouver aux Hiérois que la propreté la plus scrupuleuse leur est d'une absolue nécessité, et que l'insouciance à cet égard, est aussi dangereuse que coupable.

Après la malpropreté de l'intérieur de la ville, une des causes qui concourent le plus à y augmenter la puissance des gaz délétères sur l'économie animale, est sans contredit la rareté de l'eau. Le pauvre n'a souvent à Hières, ni puits ni fontaines à sa disposition; d'ailleurs cette boisson privée de la fraîcheur agréable qui désaltère, fortifie et répare les pertes éprouvées par la sueur ou l'excès de travail, affaiblit les forces de l'estomac, entrave la digestion, et accélère la tendance à la putréfaction. Habitans d'Hières, songez-y bien, votre pays ne sera sain que lorsque vos fontaines couleront, et que l'eau y jouira de cette fraîcheur qu'elle ne peut conserver que par la profondeur des conduites!

Les puits et surtout les citernes manquent généralement à Hières, et cependant on ne saurait trop les multiplier. C'est vraiment un spectacle affligeant que de voir quelquefois une cinquantaine de femmes attendre autour d'une fontaine un mince filet d'eau, et se disputer l'avantage d'être les premières à le recevoir. Il est inconcevable que les Hiérois poussent jusqu'à ce point l'oubli de leur conservation et de leur bien être.

D'après ce que je viens de dire, on pourrait croire que le séjour d'Hières est essentiellement dangereux, et que les étrangers doivent en être les victimes, s'il ne m'était pas facile de détruire cette erreur. L'observation et l'expérience ont prouvé que les contrées les plus marécageuses ne sont pas redoutables en hiver, et je puis affirmer que la ville d'Hières ne l'est nullement dans cette saison. Il est sans exemple, peut-être, qu'un habitant du pays ait éprouvé en hiver, une maladie que l'on puisse attribuer au méphitisme des eaux dormantes. On sait que les fortes chaleurs sont indispensables à la formation autant qu'au dégagement des effluves marécageux, dont l'activité est toujours en rapport avec l'état thermal de l'athmosphère, et que les pluies fréquentes en hiver s'opposent à leur développement; ces mêmes pluies alimentent les fontaines d'Hières, et balayant souvent la ville qui est pente, la débarrassent de ses immondices. Les étrangers peuvent donc être certains, et ma franchise leur répond de la vérité, que l'air est à Hières de la plus grande pureté, dès que la fin de septembre, toujours escortée de pluies abondantes, et d'un refroidissement durable de l'athmosphère, vient y étouffer les causes d'insalubrité.

C'est alors que la ville change de face ; les nombreux propriétaires qui avaient préféré le séjour de la campagne pendant l'été, rentrent alors dans ses murs; les étrangers qui par besoin ou par agrément fuyent les rigueurs de l'hiver, s'empressent, à cette époque, à venir jouir de la douce température de cette ville, dont les marais dépouillés de leur action malfaisante, offrent alors sur leurs berges, une promenade pittoresque. Les réunions, les bals, les parties de plaisir remplacent la solitude et le silence de l'été; tout prend à Hières, un aspect plus riant et plus animé, tellement il est vrai que le bonheur d'un pays dépend de la salubrité.

Il faut convenir d'ailleurs que cette ville a beaucoup gagné du côté de l'assainissement depuis la révolution. Aussi sa population s'est-elle sensiblement augmentée depuis cette époque. Ses marais étaient autrefois, plus étendus et moins profonds qu'actuellement. Il existait dans leurs environs, et à une distance plus rapprochée de la ville, un grand nombre de fosses bourbeuses, faites et entretenues par les bœufs qui paissaient dans la plaine. Ces fosses privées d'eau dans l'été par l'effet de la chaleur, répandaient dans Hières leur putridité. Elles furent comblées en 1793 par les terres qu'y amenèrent les eaux de Gapeau, dont les débordemens furent très-fréquens cette année. La ville ressemblait à un cloaque ; elle était encombrée de murs inutiles qui gênaient la libre circulation des vents. Le pavé était en mauvais état, et pour comble de maux, on ne buvait et on n'appliquait aux usages domestiques, que l'eau du canal d'arrosage, eau chargée d'immondices et d'impuretés de toute espèce, eau imprégnée de tous les élémens putrides d'un fond vaseux que le soleil avait le temps de mettre en fermentation pendant les jours de la semaine, où ce canal restait à sec.

Ce surcroît de population est dû aussi en grande partie aux nombreuses causes qui ont augmenté celle de toute la France.

Cette ville est donc infiniment améliorée depuis trente ans ; et si les Hiérois veulent se souvenir de ce qu'elle était autrefois, ils verront ce qu'elle peut devenir, et ce qui leur reste encore à faire.

Les étrangers qui viennent chercher à Hières, les bienfaits de sa température en hiver, y arrivent ordinairement dans un état désespéré. Est-il étonnant que, fatigués par un voyage long et pénible, entrepris souvent dans une saison rigoureuse, ils y succombent sous des maladies de poitrine que l'on sait être essentiellement mortelles, lorsquelles sont parvenues à un certain degré. Qu'ils y viennent avant que toute espérance soit perdue, et alors quels succès ne seront-ils pas en droit d'attendre de la médecine qui sera secondée par les auxiliaires les plus puissants? par un air modérément oxigéné, incapable de consumer trop rapidement le feu de la vie dans le foyer de la respiration ; par la température la plus douce ; par le ciel le plus pur, et par une promenade journalière, qui leur est si nécessaire, au milieu de campagnes parées en hiver des fleurs du printemps. Mais, je ne puis trop le répéter, qu'ils viennent à Hières avant que toute espérance soit perdue ; l'art ne peut faire des miracles, même avec le secours de la nature.

D'après cette énumération rapide des avantages dont la ville d'Hières jouit en hiver, le médecin doit voir combien dans cette saison elle est favorable aux phthisiques, et généralement à tous ceux chez lesquels une constitution naturellement faible, ou affaiblie par des maladies, peut faire craindre un état de marasme ou de consomption. Toutes les espèces de gouttes, les rhumatismes et l'asthme que l'on ne distingue pas assez de beaucoup de dypsnées qui ne sont elles-mêmes que des symptômes d'autres affections, doivent s'attendre à éprouver à Hières les plus grands soulagemens ; je puis citer un personnage distingué (*), qui, à Paris, retenu par la goutte, presque tout l'hiver, dans son lit, se promenait à Hières, tous les jours, à pied, en 1811, et me disait qu'il était quelque-

---

(*) M. le comte François de Neufchâteau.

fois tenté de se croire guéri. Je puis affirmer que je ne connais dans la ville qu'un seul asthmatique et un seul goutteux, et que souvent ils passent des années entières sans éprouver d'accès. Les médecins en trouveront les causes dans une athmosphère rarement chargée de brouillards; dans l'absence de ces pluies continuelles qui affligent en hiver tant d'autres contrées; dans la position de la ville, à l'abri des vents du nord; dans les bienfaits d'un exercice journalier, et principalement dans cette température modérée, si nécessaire au maintien de la santé (*).

––––––––––––––––––––

(*) On compte peu d'hivers très-rigoureux en Provence, et surtout à Hières. Celui de 1709, le plus terrible dont on y ait conservé la mémoire, y épargna cependant les orangers, par l'effet de la situation de la ville fermée du côté du nord. Celui de 1765 s'y fit ressentir vivement, et y fit périr les orangers; ils éprouvèrent le même sort en 1789. On ne peut guères citer que ces trois époques de grands froids dans le cours du siècle passé : celui que nous avons commencé se présente sous de funestes auspices. Dans les journées des 10, 11 et 12 janvier de l'année présente 1820, près de deux pieds de neige couvrirent la plaine, et le thermomètre de Réaumur descendit jusqu'à neuf degrés sous glace; aussi les oliviers ont-ils extrêmement souffert, ainsi que les orangers et les grenadiers que l'on a tous coupés rez-terre; les figuiers ont presque tous éprouvé le même sort. Les pertes que fait la Provence sont incalculables. Puissent-elles attirer l'attention bienveillante du gou-

En établissant un parallèle qui n'est pas sans intérêt, entre la ville de Nice et celle d'Hières, il est facile de prouver que cette dernière peut le soutenir avec avantage. Il est reconnu que la température de Nice est un peu moins chaude que celle d'Hières (*). Nice située en plaine, sur le bord de la mer, où les pluies sont plus fréquentes, traversée par un torrent, dont tous les alentours et plusieurs quartiers sont remplis de boue, est incontestablement plus humide qu'Hières, qui

―――――――――――――――――――――――

vernement sur une province qui se trouve privée non seulement de ses récoltes en huile pendant de longues années, mais encore d'une grande partie des arbres irréparables qui les produisaient. Un froid aussi excessif ne se montre à Hières que d'un siècle à l'autre. Il est très-rare que dans le cours d'un hiver, le thermomètre y descende une seule fois à deux degrés sous zéro, ce qui est une température très-modérée. L'état le plus habituel du thermomètre en hiver, est depuis 6 degrés au-dessus de glace, jusqu'à 1 au-dessous. Souvent même il s'élève en plein air, dans les beaux jours, jusqu'à dix et douze degrés.

(*) C'est ce qui fait que les orangers y craignent plus le froid qu'à Nice : la chaleur étant à Hières plus constante et un peu plus forte en hiver, les met plutôt en végétation, et les rend conséquemment plus sensibles aux changemens de température. La position de Nice, le torrent qui la traverse, l'air de la mer, l'humidité des rues, et surtout le voisinage des Alpes, rendent la température de cette ville moins chaude que celle d'Hières.

est bâtie en amphithéâtre, où les rues bien pavées et en pente, ne retiennent aucune humidité, et qui est à une lieue de la mer. La plaine d'Hières offre un coup-d'œil plus riche et plus pittoresque que celle de Nice; les alimens de toute espèce abondent dans l'une comme dans l'autre ville; les hôtels sont aussi riches et aussi bien servis à Hières qu'à Nice, et les logemens y sont aussi beaux. Nice est une plus grande ville, elle offre plus de mouvement, plus de distractions, mais ces avantages sont contrebalancés par la tranquillité dont on jouit à Hières, où cependant on est assuré d'être accueilli par une société choisie, lorsqu'on désire voir du monde, par l'agrément de se trouver de suite dans la campagne, et par le voisinage d'une ville aussi célèbre que Toulon, qui mérite, sous tant de rapports, d'attirer l'attention des étrangers.

En résumant ce que j'ai dit sur la ville d'Hières, les médecins, et c'est principalement à eux que je m'adresse, verront que la constitution météorologique de la ville est tempérée, réunissant en proportion convenable l'humidité et la chaleur, tandis que celle des campagnes situées auprès des marais, au sud, ou à l'est de la ville, est chaude et humide. De là naît la différence des maladies des habitans de la ville, et de ceux de la campagne : les premières présentant communément un caractère bilieux, et les autres un caractère catharral. On concevra que les maladies endémiques aux campagnards, beaucoup plus fréquentes et dangereuses que celles des habitans de la ville, résistent souvent à tous les efforts de la médecine, tant que dure la saison pernicieuse, et qu'on demeure sur les lieux. On sera convaincu que si le séjour d'Hières offre en été des périls provenants des émanations marécageuses, il n'en reste pas la moindre trace depuis la fin de septembre jusqu'à la fin de mars, et que dans les autres mois de l'année, les effets plus ou moins funestes, plus ou moins prolongés de ces émanations, sont tellement subordonnés aux saisons physiques et célestes, que les étés pluvieux sont presque toujours exempts des maladies qui reconnaissent pour cause la présence des marais, tandis que plus la sécheresse et la chaleur sont considérables et prolongées, plus ces maladies ont de violence et de durée.

Les Hiérois apprendront combien leur intéressante cité est susceptible d'être améliorée. Ils sauront que l'assainissement de leur patrie, ajoutera de nouvelles années à leur existence, augmentera la célébrité de leur pays, y attirera une foule d'étrangers de toutes les parties de l'Europe, y doublera les forces et les produits de l'agriculture, et y ouvrira des sources de prospérité qui leur sont inconnues.

Il ne leur est pas impossible de parvenir à d'aussi grands résultats ; déjà un riche propriétaire (*) ambitionne l'honneur de dessécher des marais que les Hiérois voient avec indifférence envahir depuis tant de siècles leurs plus belles terres, et s'arroger sur eux le droit de mort. Puisse l'homme courageux qui a conçu cette grande entreprise, recevoir des mains de Plutus la récompense due à ses hasardeux efforts ! Puissent les habitans d'Hières bannissant de vaines terreurs qui peuvent porter le découragement sur ses travaux (**), les seconder de tous leurs moyens! puissent-ils ne jamais perdre de vue, que les moissons qui flotteront sur ces eaux impures, seront le plus sûr garant de leur santé, de leur richesse et de leur prospérité !

Je me suis appesanti sur les dangers de l'extrême mal-propreté des rues. Une police très-rigoureuse à cet égard, est d'absolue nécessité. Qu'on mette

---

(*) M. Louis Auran, né à Cuers.

(**) Le peuple si souvent aveugle sur ses intérêts les plus chers, murmure déjà sur cette entreprise. Il craint que les terres marécageuses découvertes et remuées par l'effet des travaux, n'occasionnent à Hières, une épidémie mortelle. Ces craintes sont plus spécieuses que bien fondées ; on ne choisira pas sans doute la saison la plus meurtrière; on procédera avec les précautions hygièniques connues, et les travaux ne s'opérant pas tous à la fois, la partie découverte ne peut être très-considérable. Ce sont de petits intérêts communaux et particuliers lésés par le desséchement, qui sont les vrais motifs de ces murmures.

en exécution, à Hières, les règlemens qui sont en vigueur dans les grandes villes ; qu'on prohibe surtout la faculté de faire des fumiers dans des cours ouvertes à tous les vents, dans des ruelles au centre de la ville. Il n'est pas d'intérêt particulier qui puisse balancer celui de l'hygiène publique.

Que les Hiérois se procurent enfin de l'eau dans l'été ; que les puits, les citernes se multiplient; que l'on en construise quelques-unes de publiques pour remédier en cas d'urgence aux besoins du peuple. Je dois rappeler ici qu'il est très-essentiel d'éloigner les puits, des fosses pratiquées pour faire du fumier. Cela regarde principalement les habitans des campagnes. Il faut aussi bannir de leur construction, le plâtre et les pierres calcaires, auxquelles on doit toujours préférer le grès. L'eau de citerne est sans contredit la meilleure, mais il est essentiel que les Hiérois emploient le procédé qui est en usage à Cadix. Au moyen d'un robinet adapté au tuyau de la citerne, on y rejète au-dehors la première eau, qui, comme l'on sait, n'est pas la plus pure, et qui a d'ailleurs le grave inconvénient d'entraîner dans l'intérieur, les saletés, la poussière et mille corps étrangers qu'elle peut trouver sur les toits et dans le tuyau même. Après cette opération préliminaire, on tourne le robinet, et l'on ne reçoit alors dans la citerne qu'une eau très-pure. Il est essentiel aussi, dit le célèbre

M. Chaptal, de bannir de leur construction toute sorte de plâtre; sans cette précaution, l'eau la plus pure et la plus légère, devient l'eau la plus pesante, par la quantité de sulfate de chaux qu'elle dissout.

On ne peut trop recommander aux Hiérois d'entretenir le pavé de leurs rues. Il est aujourd'hui en fort bon état.

Il est essentiel pour eux autant que pour les malades, qu'ils transportent au nord, à une certaine distance, leur hospice civil, qui, outre les motifs de salubrité publique, dépare la plus belle place de la ville.

Les tueries qui sont aujourd'hui à Hières une cause d'infection, étant placées au midi, et à toucher la ville, doivent éprouver le sort de l'hospice civil.

Il faut que le cimetière soit plus éloigné, situé au nord, dans un lieu plus élevé, ouvert à tous les vents.

Les boissons et les alimens vendus publiquement, doivent être inspectés par une police rigoureuse, qui portera aussi l'attention la plus sévère sur les fossés qui servent à l'arrosage, pour qu'ils soient dans l'été creusés et nétoyés avec soin.

L'autorité doit absolument prohiber les amas de plantes arrachées, et principalement de choux pourris qui encombrent quelquefois le devant des jardins aux portes de la ville, et qui répandent au loin une infection dangereuse.

Quelques rues, une entr'autres, que je n'ai pas besoin de désigner, doivent être élargies.

Les Hiérois doivent éviter l'habitation des rez-de-chaussée, qui, outre l'inconvénient ordinaire de l'humidité, ont encore celui d'un air rarement renouvelé. Les portes, les fenêtres, et généralement toutes les ouvertures, seront à Hières, aussi larges que possible, et pratiquées de manière à favoriser la libre circulation de l'air. Ils doivent avoir soin de blanchir souvent leurs murs intérieurs au lait de chaux ; de balayer et d'arroser souvent en été avec l'eau de leurs puits, le devant de leurs portes, et d'entretenir dans les maisons une grande propreté.

Hiérois ! je vous ai parlé avec franchise. En proclamant les nombreux avantages dont vous jouissez, j'ai cru devoir vous indiquer les améliorations dont votre ville est susceptible. Elles sont toutes d'une exécution facile, et leurs résultats sont du plus grand intérêt ; ne laissez pas dire à vos enfans, nous fesons ce que nos pères auraient dû faire depuis des siècles.

Je sens tout ce que mon travail laisse à désirer. Mais outre que cet essai m'imposait des bornes, j'ai préféré n'exposer que des considérations générales, que de m'enfermer dans un plan méthodique de topographie médicale, qui eût offert de nombreuses lacunes occasionnées par des matériaux impossibles à me procurer. Doit-on avoir l'ambition d'élever un édifice régulier, lorsqu'on sait qu'il manquerait par les fondemens?

Je regrette de n'avoir pu rendre cet ouvrage plus digne de l'illustre pair de France qui a bien voulu me permettre de le lui dédier; mais le but d'être utile, le seul que je me sois proposé, le seul qui m'ait constamment soutenu et dirigé dans mon travail, ne sera-t-il pas un motif d'indulgence en ma faveur?

ERRATA.

Avant-propos, de St. Vincent, *lisez* : de St. Vincens.
Page 15, ligne 26, aquis, *lisez* : acquis.
« 21 « 29, de ces députés, *lisez* : de ce député.
« 23 « 22, promises, *lisez* : promise.
« 49 « 23, abattre, *lisez* : et abattre.
« 62 « 9, de Fallède, *lisez* : de la Fallède.
« 62 « 21, jointe, *lisez* : joint.

MARSEILLE, DE L'IMPRIMERIE DE GUION,

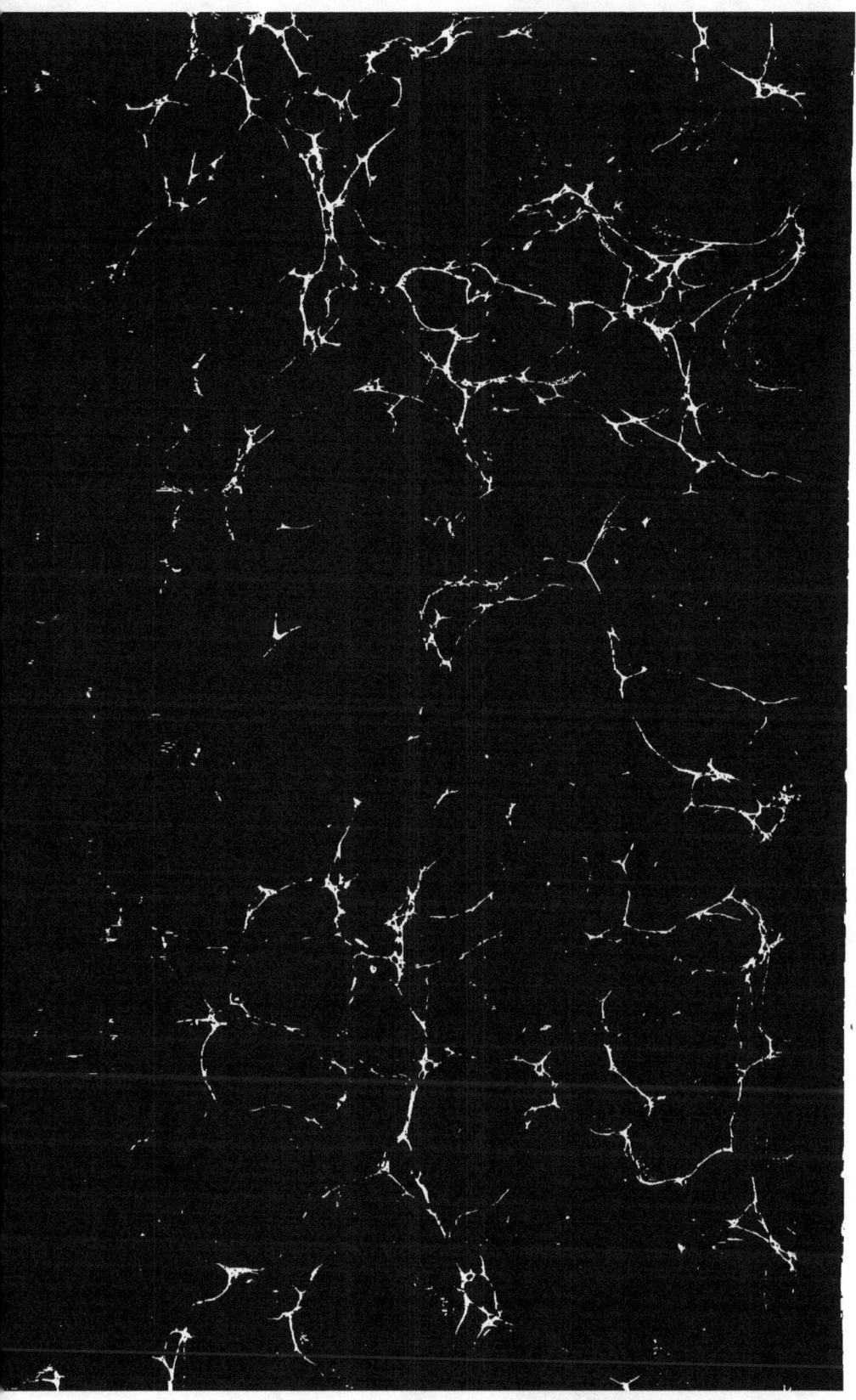

www.ingramcontent.com/pod-product-compliance
Lightning Source LLC
Chambersburg PA
CBHW070518100426
42743CB00010B/1859